KICKSTARTER

KB143384

킥스타터
혁명

글 | 안창현

킥스타터
혁명

초판 발행 2015년 4월 1일
지은이 mobi-lab C

펴낸이 안창현 펴낸곳 코드미디어
북 디자인 Micky Ahn 교정 교열 최윤성
등록 2001년 3월 7일
등록번호 제 25100-2001-5호
주소 서울시 은평구 갈현1동 419-19 1층
전화 02-6326-1402 팩스 02-388-1302
전자우편 codmedia@codmedia.com

ISBN 979-11-86104-09-5 03320

정가 14,000원

나는 콘텐츠닷!

글 | 안창현

지금은 콘텐츠 시대!
세상을 지배하는 것은 아이디어다.
이에 발맞춰 훌륭한 아이디어가 산업에 영향을 끼칠 수 있는
새로운 환경들도 속속 만들어지고 있다.

그 중심에는 킥스타터가 있다.

킥스타터는 사용자가 등록한 아이디어를 보고
회원들이 후원하는 크라우드펀딩 서비스이다.
스마트 시계 페블, 3D HMD인 오큘러스, 공중부양 보드 등
세상을 흔들 만한 상품들이 킥스타터를 통해 등장했다.

이러한 제품들을 등록한 사람들은 관련 업계 종사자보다는
아이디어 하나만 믿고 뛰어든
학생이나 일반인이 대부분이라는 사실!
바로 여러분도 할 수 있다는 뜻이다.

이제는 내 아이디어를 받아줄 기업을 찾아다니지 않아도,
투자자에 휘둘리지 않아도, 나만의 아이디어를
사람들에게 직접 검증받고 실현시킬 수 있다.

우리나라에서도 이러한 새로운 세상에 보조를 맞추어
다양한 방식의 크라우드펀딩, 크라우드소싱 플랫폼들이 생기고 있다.
즉, 여러분만의 세상을 만들 수 있는 가능성이 열리고 있는 것이다.

이 책은 킥스타터를 통해서
새로운 세계에 대한 눈을 띄우고
콘텐츠 개발에 도움이 되고 싶다는 생각으로 기획했다.
오랜 준비 끝에 만들어낸 이 책은
크라우드펀딩이 무엇이며 왜 필요한지를 알리고
다양한 성공 사례들과 그 뒷이야기를 소개한다.
이 책을 통해 아이디어 뱅크의 문을,
여러분의 새로운 세상을
활짝 열어젖힐 수 있을 것이다!

이 책은
킥스타터에서 성공적인 프로젝트를 진행하신
JnK Science의 조금용 대표님, 직토의 김경태 대표님,
벤치소프트의 이동훈 대표님 등
많은 분들의 도움을 통해 나올 수 있었다.
진심으로 감사드린다.
모쪼록 이 도서가
콘텐츠 세상의 눈을 활짝 뜨게 할 수 있는
계기가 되기를 기원한다.

JnK Science

제이앤케이사이언스 대표 조금용

상록수는 사시사철 푸름을 지니고 있습니다.
젊다는 것은 상록수로 비유되지만,
젊음은 나이를 의미하는 것이 아닌 마음의 젊음을 의미합니다.
좀 더 정의로운 세상이 되길 바라고,
변화시키고자 하는 사람들이 젊은이입니다.
이러한 사람들은 끝없이 꿈을 꾸고,
자산만의 확고한 꿈을 가지고 있습니다.
그 꿈은 혼자가 아닌 여러 사람들과 연대했을 때
실현 가능성이 높아집니다.
"사람들과 좋은 마음으로 같이 바라고
그런 마음이 서로 통할 때, 그땐 참 달다"라는 말처럼,
"사람 맛"을 가진, 가치관이 통하는 사람들과 함께 하십시오,
이러한 젊은이들의 꿈을 실현할 수 있는 수단 중
킥스타터, 인디고고 등의 크라우딩 펀딩은
대단히 유용한 방법중 하나입니다.
전세계의 수많은 상록수와 같은 젊은이들이
자신의 아이디어와 꿈을 보여주는 곳입니다.
아이폰의 Apple사는 꿈을 가진 사람들이
함께해서 이룬 결과입니다.
Next Apple!
진정으로 꿈의 깊이가 큰 상록수 같은 젊은이들만이 가능합니다.
도전하십시오. 그리고 성취하십시오.
이 도서가 여러분의 꿈에 한발자국 다가서는 계기가
되기를 기원합니다.

조금용
_KAIST 경영과학과 졸업
_JnK Science CEO
_충전용 건전지 〈몬스터 배터리〉 킥스타터 펀딩 성공 유치

Benchsoft

벤치소프트 대표 이동훈

킥스타터!
크라우드펀딩 열풍이 다가오고 있습니다.
사람들과 가장 가까이에서 실시간으로 호흡하며
소통할 수 있다는 점이 킥스타터의 가장 큰 매력입니다.
킥스타터는 후원의 기능뿐만 아니라
전세계에 내 아이디어를 알린다고 하는,
돈으로 환산할 수 없을 정도의 홍보 기능도 지니고 있습니다.
저도 킥스타터를 통해 저희 제품을 전 세계에 알렸으며
그 희망을 통해 보다 큰 꿈을 키우고
꿈을 향해 전진하고 있습니다.
이 도서는 킥스타터를 통해 성공한 사례들을 보여줍니다.
다양한 사람들의 다양한 성공 이야기를 보면서
그 비결이 무엇이었는지 느껴보세요.

크라우드펀딩의 세계에서 일어나는 일들을 엿보며
여러분의 꿈을 키워보세요.
그리고 여러분만의 아이디어를 실현시켜 보세요.
크라우드펀딩은 꿈을 이루는 새로운 방향을 제시합니다.

이동훈
_전자 공학과 전공
_(주)벤치 소프트 대표
_휴대용 근거리 무선 통신 소프트웨어/하드웨어, 아이폰 액세서리
배터리 충전 등 개발
_고속 충전 케이블 〈더블 타임〉 킥스타터 펀딩 성공 유치

직토 대표 김경태

자신의 아이디어를 사람들과 공유하여
꿈을 이룬 크라우드펀딩 이야기를
매스컴을 통해 종종 들을 수 있을 만큼
크라우드펀딩 환경이 해외 뿐만 아니라
국내에서까지 서서히 커져가고 있습니다.

국내에서도 세계 시장을 겨냥해 도전하여
크고 작은 크라우드펀딩 플랫폼을 만들어 내고 있으며
앞으로도 더 많은 개인이나 단체가
크라우드펀딩에 도전할 것이라고 생각합니다.
직토 또한 그러한 흐름에 큰 힘이 되고자 노력하고 있습니다.

여러분도 이러한 크라우드 세상에 빨리 눈을 뜨세요.
그리고 도전하세요.
크라우드펀딩 세상은 꿈을 보다 빨리
보다 멀리
실현되게 만들어 줄 것입니다.

김경태
_미국 Purdue University 전자공학부 학사
_미국 Purdue University 컴퓨터공학부 석사 Human Computer Interface전공
_LG전자 전자기술원
_Zikto CEO
_웨어러블 팔찌 〈아키〉 킥스타터 펀딩 성공 유치

Contents

05
발상의 전환을 불러온 콘텐츠

06
킥스타터 프로젝트 성공기

QR 코드 사용법

이 도서에는 QR 코드가 사용되었습니다. 다음과 같은 모양의 QR 코드를 스마트폰으로 스캔하면 관련 동영상이나 홈페이지를 열어 볼 수 있습니다. 또는 QR 코드 밑에 적혀 있는 주소를 웹브라우저의 주소창에 입력해서 접속할 수도 있습니다. QR 코드 사용법은 다음과 같습니다.

① 스마트폰에서 앱 스토어를 연 다음 'daum'을 검색하여 [daum] 앱을 설치합니다.
② [daum] 앱을 실행한 다음 🎤 버튼을 누르고 🔲 [코드]를 누릅니다.
③ 카메라가 동작하면 QR 코드로 향합니다. 이때 초점이 맞는 상태에서 최대한 확대되도록 위치를 조절합니다.
④ 초점이 맞으면 찰칵 소리와 함께 해당 페이지로 이동됩니다.

1

크라우드펀딩?

크라우드펀딩이란?

"시민들의 후원으로 제작된 영화 〈26년〉"

"대학생의 문뜩 떠오른 아이디어로 개발한 페블 스마트 시계, 네티즌 후원으로 상품화되다!"

이와 같은 기사들을 매스컴을 통해 접한 경험들이 있을 것이다. 이들의 공통점은 많은 사람들이 십시일반으로 돈을 모아서 만들어졌다는 점이다. 이와 같이 불특정 다수의 대중으로부

영화 '26년'

페블 스마트 시계

터 자금을 모으는 것을 크라우드펀딩[1]이라고 한다.

크라우드펀딩^{Crowd funding}은 문자 그대로 풀이하면 대중^{Crowd}으로부터 기금^{Funding}을 모은다는 뜻으로, 자금이 필요한 개인이나 기업이 금융기관을 거치지 않고 대중에게서 직접 자금을 받는 자금 조달 방식을 뜻한다. 소수의 투자자나 단체로부터 일대일로 큰돈을 끌어오는 일반적인 투자유치 방식과 달리 크라우드펀딩은 일대 다수의 관계를 이룬다.

여러 사람이 십시일반으로 돈을 모아 필요한 사람에게 준다는 개념 자체는 이미 오래전부터 존재해 왔다. 우리나라에도 '두레'나 '계' 같은 전통적인 공동체 활동이 있었는데, 그 방식은 많이 다를지라도 정신은 크라우드펀딩과 일맥상통한다.

크라우드펀딩이란 단어가 본격적으로 현재와 같은 의미를 지니게 된 것은 수많은 사람들이 공개적으로 참여할 수 있는

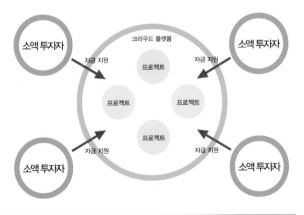

---

1)크라우드펀딩이라는 단어는 2006년, 마이클 설리번이란 사람이 자신의 블로그에서 처음으로 사용한 것이 현재까지 유래되었다.

인터넷 중계 플랫폼이 만들어지면서부터다. 인터넷이 발달하면서 많은 사람들이 손쉽게 정보를 확인할 수 있게 되었고, 전자 거래도 인터넷을 통해 손쉽게 처리할 수 있게 됐기 때문이다. 크라우드펀딩의 가장 중요한 요소인 '많은 사람들'이 연결되어 '거래할 장소'가 생겨난 것이다.

그리고 여기에 크라우드소싱Crowd sourcing 개념이 더해져 현재의 모습을 갖췄다. 크라우드소싱은 대중Crowd과 아웃소싱Outsourcing의 합성어로, 비전문가인 대중에게 기업 활동을 개방하고 참여를 유도하여 혁신을 꾀하며, 발생한 수익을 참여자와 공유하는 경영 방법이다. 크라우드펀딩은 이 개념을 자금 영역에 적용한 것이라고 할 수 있다.

02 크라우드펀딩의 종류

크라우드펀딩은 펀딩 목적에 따라 후원형, 대출형, 지분투자형, 기부형으로 나뉜다. 각각 종류별로 전문화를 꾀하기도 하지만 여러 형태가 결합되는 경우도 있다.

첫 번째, 혁신적인 아이디어의 현실화에 필요한 자금을 모으고, 아이디어가 실현됐을 때 그 결과물을 보상품으로 주는 후원형 크라우드펀딩이 있다. 인디고고https://www.indiegogo.com와 킥스타터https://www.kickstarter.com가 대표적인 후원형 사이트로, 이 서비스들이 알려지면서 크라우드펀딩이란 개념도 널리 알려지게 되었다. 국내에는 텀블벅http://www.tumblbug.com, 유캔펀딩http://www.ucanfunding.com, 굿펀딩http://www.goodfunding.net, 와디즈http://www.wadiz.kr등의 서비스 업체가 있다.

두 번째, 자금을 빌리거나 소액을 투자하는 방식인 대출형 크라우드펀딩이 있다. 자금이 필요한 개인 및 개인사업자가 대출이 필요한 이유와 신용 정보 등의 정보를 기입해서 등록하면 투자자들은 지원자의 정보를 검토하고 자금을 지원하고 그 이자를 포함하여 돌려받는 방식이다. 대출형은 크라우드펀딩이란 개념이 대두되기 전부터 P2P^{Peer to peer} 금융이라는 이름으로 서비스 되어왔다. 대표적인 사이트로는 머니옥션^{http://www.moneyauction.co.kr}, 조파^{http://www.zopa.com} 등이 있다.

세 번째, 기업이나 창업자에 자금을 투자하고 그에 따라 사업 지분과, 이익을 나눠받을 수 있는 지분투자형 크라우드펀딩이 있다. 비즈니스에 투자자가 적극 참여하는 방식으로, 사업 초기에 큰 도움을 주고받을 수 있는 플랫폼이기 때문에 정부 차원에서 지원하려는 움직임이 많다. 투자에 대한 이윤 추구의 목적도 있지만 기업을 지원하여 참여할 수 있다는 매력도 가지고 있다. 대표적인 사이트에는 펀더클럽^{httpss://fundersclub.com}, 오픈트레이드^{http://www.opentrade.co.kr} 등이 있다.

네 번째, 후원자들이 순수 기부의 목적으로 후원하는 형태의 기부형 크라우드펀딩이 있다. 공익적 사업, 캠페인 등이 펼쳐지며, 후원자들은 보상이 아니라 사회적 문제의 해결에 참여하기 위해서 참여한다. 대표적인 사이트로는 해피빈^{http://happybean.naver.com}, 더브릿지^{http://www.thebridgetogether.com} 등이 있다.

03 크라우드펀딩의 시작!

인터넷 크라우드펀딩 서비스를 처음 시도한 사이트는 2001
년 런칭한 아티스트셰어http://www.artistshare.com였다. 크라우드펀딩
이란 개념이 일반화되기도 전, 음악가와 리스너들을 연결해주
는 플랫폼으로 시작되어 음반 발매, 공연 등을 팬들의 모금을
통해 성사시켜 크라우드펀딩의 개념을 확립하였다.

http://www.artistshare.com

그리고 2005년에는 금융 크라우드펀딩 사이트인 조파^{http://} ^{www.zopa.com} 서비스가 시작되었다. 조파는 최초의 P2P금융^{peer to} ^{peer finance, 개인 대 개인 금융} 서비스로, 소액이 필요한 대출자들과 투자자들을 연결해 주는 플랫폼이다. 금융회사를 통해서만 가능했던 기존의 거래를 인터넷을 통해 이루어지게 하고, 대출자와 투자자 모두에게 합리적인 이율을 제공하면서 큰 호응을 얻었다.

그러나 그때까지 크라우드펀딩은 소수의 사용자에게만 이용되어 왔었다. 실제로 크라우드펀딩이 대중화된 것은 2008년에 런칭된 최초의 후원형 크라우드펀딩인 인디고고^{https://www.} ^{indiegogo.com}가 시작되고 나서부터다. 인디고고는 처음엔 독립영화 제작자를 위한 펀딩 서비스였다. 인디고고를 통해 성공적인 독립영화들이 만들어지자 다양한 방면의 창작자와 지지자들이 모여들어 주목을 받았고, 후원 분야를 문화 예술, 기술 방면으로까지 넓혀 가며 안정적으로 운영되기 시작했다. 이를 통해 크라우드펀딩이란 단어가 대중적으로 자리잡게 된 직접적인 계기가 되었다.

https://www.indiegogo.com

인디고고는 DIWO DO-It-With-Other, 즉 '다른 이와 함께하라!' 라는 모토로 국가, 성별, 조건 제약 없이 전 세계 누구나 프로 젝트를 올릴 수 있도록 하고 있으며, 별도의 심사 과정도 없는 매우 자유로운 펀딩 서비스이다. 대표적인 상품으로는 소금을 뿌려 벌레를 잡는 버거솔트 Bug-a-salt, 스마트폰 앱으로 위치 추적이 가능한 제품인 스틱 앤 파인드 Stick-n-find 등이 있다.

그리고 2009년, 인디고고와 함께 후원형 크라우드펀딩의 양대산맥으로 자리매김하게 되는 킥스타터 https://www.kickstarter.com 가 런칭되었다. 킥스타터는 런칭 초기부터 다양한 방면의 아

위치를 찾아주는 스틱 앤 파인드

소금으로 벌레를 잡는 버거솔트

이디어를 장려하고 지원하는 것으로 기획되었고, 많은 아이디어 제품과 창조적인 프로젝트들이 킥스타터를 통해 대성공을 거두면서 세계적인 주목을 받게 되었다.

https://www.kickstarter.com

킥스타터가 주목받는 이유 중 하나는 운영 방식이다. 자유로운 인디고고와 다르게 킥스타터는 프로젝트를 개설하기가 까다롭다. 개설자는 킥스타터에서 정하고 있는 국가들의 시민권이나 현지법인이 있어야 한다는 규정 때문에, 그에 해당되지 않는 국가에서는 프로젝트를 등록하는 데 제한이 있다. 뿐만

킥스타터혁명

아니라 킥스타터 운영진이 프로젝트 등록부터 마감 후 진행 과정까지 모든 과정에 관여한다. 카피 콘텐츠, 모금액 횡령 등 불순한 의도로 접근하는 개발자들이 설치지 못하도록 제도적인 장치를 마련하고 있는 덕분에 펀딩 참여자가 신뢰를 가지고 참여할 수 있었던 것이다. 킥스타터의 대표적인 성공 프로젝트는 안드로이드 게임기인 오우야, 스마트 시계 페블, 3D HMD 오큘러스 등이 있다.

크라우드펀딩이 알려지기 시작한 기간은 생각보다 매우 짧다. 짧은 시간 안에 빠르게 알려질 수 있었던 큰 이유는 소셜 네트워크를 적극적으로 이용한다는 점 때문이었다. 성공적인 프로젝트들이 매스컴과 SNS를 통해 알려지면서 유명세를 떨쳤으며, 콘텐츠 시장에서 소셜 네트워크를 이용한 펀딩이 얼마나 중요한지 결과를 통해 보여주었다. 이러한 성공에 힘입어 이제 미국에서 벗어나 전세계에 크라우드펀딩 문화가 새롭게 만들어지고 있다.

안드로이드 게임기 오우야

04 국내 크라우드펀딩의 도약!

　　본질적인 형태로 본다면 우리나라 크라우드펀딩의 시작은 2000년대 초반 영화 제작에서부터 시작되었다고 할 수 있다. '엽기적인 그녀', '반칙왕', '공동경비구역 JSA', '바람난 가족' 등의 영화가 당시 개인 투자 공모를 통해 만들어졌다. 개인 투자 지원은 자금 해결뿐만 아니라 대중의 참여를 유도하여 자발적인 홍보 효과를 볼 수 있었기 때문에 매우 좋은 결과를 만들어 냈다. 나중에는 법적인 문제에 부딪치면서 개인 투자 참여 방식은 사실상 사라졌지만 크라우드펀딩의 힘을 조금이나마 느낄 수 있었다.

　　이후 2007년에 들어서 실제적인 크라우드펀딩 전문 사이트가 런칭된다. 처음 도입된 크라우드펀딩은 머니옥션 http://www.moneyauction.co.kr 이다. 영국의 조파 사이트처럼 돈을 빌리는 사람

과 돈을 빌려주는 사람을 연결해주는 대출형 사이트로, 신용과 담보와 무관하게 누구나 등록할 수 있고, 투자자는 신청자의 정보를 보고 변제 능력과 대출 이율을 참고하여 투자할 수 있는 플랫폼이다.

킥스타터나 인디고고 같은 후원형 크라우드펀딩은 2011년부터 텀블벅http://www.tumblbug.com, 유캔펀딩http://www.ucanfunding.com, 굿펀딩http://www.goodfunding.net, 와디즈http://www.wadiz.kr 등의 사이트들이 만들어지면서 본격적으로 성장하기 시작했다.

국내 후원형 크라우드펀딩은 혼 모양의 스마트폰 스피커, 다가가면 켜지고 멀어지면 꺼지는 아돈케어의 웰컴 라이트와 같은 아이디어 상품에서부터, 공연 예술, 출판 등 여러 콘텐츠 부분의 지원까지 다양하다. 특히 공연이나 출판, 음반 또는 이벤트성 프로젝트 등 문화 콘텐츠의 지원이 활발하게 이루어지고 있다.

Horn Speaker, 텀블벅에서 펀딩 성공

자금이 부족해 아이디어 현실화를 이루지 못하고 좌절했던 국내의 콘텐츠 기획자들은 크라우드펀딩을 통해 기적적인 성공을 거두며 새로운 희망을 키우고 있다. 그간 국내에서 화제가 됐거나 크게 성공한 프로젝트들을 살펴보면, 굿펀딩에서는 영화 '26년' 프로젝트가 3억 8천 4백만 원을 모아 화제를 모았

게임 회색도시 OST 제작, 텀블벅 펀딩 성공

한대수 기념 앨범 제작, 텀블벅 펀딩 성공

http://www.tumblbug.com

다용도 가방 아이디어 상품 Fego, 텀블벅 펀딩 성공

http://www.goodfunding.net

'또하나의 가족' 영화 제작, 굿펀딩 펀딩 성공

http://www.ucanfunding.com

위안군 역사관 건립 모금, 유캔펀딩 펀딩 성공

고, 영화 '또 하나의 가족' 프로젝트는 1억 1천 9백만 원을 펀딩하는 데 성공했다. 텀블벅에서는 애니메이션인 '고스트 메신저'가 6천만 원을, 유캔펀딩에서는 '위안부 역사관 건립 모금'으로 약 4억 원의 펀딩에 성공하여 한국 크라우드펀딩의 가능성을 보여주었다.

후원형뿐만 아니라 지분투자형도 활발하게 성장하고 있다. 대표적인 업체로는 오픈트레이드http://www.opentrade.co.kr가 있는데, 이 사이트는 투자자가 비즈니스의 일부를 매입하는 매입투자 방식으로, 창업자는 자리를 잡기까지 자금 지원을 받을 수 있

http://www.opentrade.co.kr

고, 투자자도 지원한 업체가 성공했을 시 이윤이 크기 때문에 서로 신뢰를 가지고 도울 수 있는 플랫폼이다. 미국에서도 이러한 지분투자형 크라우드펀딩을 적극 지원하고 있으며 우리나라도 이를 활성화하기 위한 법안을 준비하고 있다.

기부형 크라우드펀딩으로는 해피빈^{http://happybean.naver.com}과 더브릿지^{http://www.thebridgetogether.com} 등이 있다. 네이버에서 운영하는 해피빈은 콩이라는 사이버머니를 이용하여 도움을 필요로 하는 곳에 기부할 수 있고, 더브릿지는 해외를 중심으로 기부를 할 수 있도록 안내해주는 사이트이다.

http://happybean.naver.com

http://www.thebridgetogether.com

05 아이디어만으로 승부하는 크라우드소싱

크라우드소싱 Crowd sourcing 은 대중 Crowd 과 외부발주 Outsourcing 의 합성어로, 경영 과정에 대중의 아이디어나 의견을 받아들여 그 결과로 얻은 수익을 대중에게 분배하는 경영 방식을 말한다.

크라우드펀딩이 대중에게서 모은 자금으로 자신의 아이디어를 직접 실현시키는 것이라면, 크라우드소싱은 아이디어의 실현 과정을 분담하는 것이다. 내가 공유한 아이디어가 맘에 드는 업체에서 생산과 판매를 대신 맡기 때문에 아이디어를 지닌 사람에게는 제작에 대한 부담을 줄일 수 있다.

대표적인 크라우드소싱 서비스로는 미국의 퀄키 https://www.quirky.com 가 있다. 2009년에 오픈한 퀄키는 회원들로부터 아이디어를 수집한다. 수집된 아이디어는 회원들끼리 공유하며 의견을 수렴하는 과정을 거쳐 1차로 좋은 아이디어를 선발한다.

이후 퀄키에서 2차로 심사하여 상품화할 제품을 선정한 후 파트너십을 맺고 있는 업체를 통해 상품으로 생산하여 출시, 판매까지 대행한다. 현실적으로 상품이 잘 팔려야만 하기 때문에 상품화되는 아이디어들은 대부분 생활 속에서 도움이 되는 것들이다.

https://www.quirky.com

이러한 퀄키 서비스가 알려지게 된 계기는 고등학생의 아이디어로 생산된 '피봇 파워Pivot Power'라는 상품 덕분이었다. 피봇 파워는 미국의 제이크 젠Jake Zien이라는 고등학생의 아이디어로 상품화된 멀티탭 제품이다. 멀티탭이 구부러지면 편리하겠다는 생각에서 시작한 아이디어가 퀄키에서 구체화되어 한 학생의 인생을 변화시켰다. 학생의 아이디어는 성공적으로 상품화가 진행되었고, 70만 개가 팔려 이슈가 되었다. 이를 통해 제이크 젠

제이크 젠의 피봇 파워

이 벌어들인 수익은 한화로 6억 원이 넘는다고 한다.

퀄키로 생산된 제품은 대부분 획기적인 아이디어 상품들이기 때문에 퀄키에서 운영하는 쇼핑몰도 인기다. 쇼핑몰에 접속하면 단순한 아이디어에서 출발해 획기적인 모습으로 개발된 상품들을 볼 수 있다. 아이디어는 정말 가까이에 있다는 사실을 다시 한번 느낄 수 있을 것이다.

케이블 정리 액세서리 Cordies

국내의 크라우드소싱 서비스

퀄키가 보여준 가능성에 따라 크라우드소싱에 대한 필요성이 커져가면서 국내에도 크라우드소싱 업체가 생기기 시작했다. 특히 정부 부처 지원사업의 일환으로 시작되고 있는 '무한상상 국민창업 프로젝트'가 눈길을 끈다. 이 프로젝트는 아이

http://www.ideaaudition.com

디어 오디션 홈페이지 http://www.jdeaaudition.com 를 통해 아이디어를 접수받은 후 네티즌과 공유를 통해 보완하고 전문가 평가를 거쳐 상품화를 실행한다. 아이디어를 적절한 제조사와 판매처에 연결하는 퀄키와 유사한 방식으로, 좋은 아이디어가 있다면 누구나 참여할 수 있다.

이러한 과정을 거쳐 상품화가 되어 놀라운 판매 기록을 세우며 이슈가 된 상품이 있다. '오리엔탈 브런치 세트'라는 제품으로, 접시에 음식을 올리면 기름이 자연스럽게 분리되는 오벌대접시와 접시에 컵을 끼워 수 있는 곰발 접시로 구성되어 있다. 역시 일상생활의 불편에서 출발한 아이디어로, 실생활에 편리함을 가져오기 위해 만들어졌다. 이 상품은 현대백화점 홈쇼핑에서 판매가 이루어졌고, 판매 개시 50분 만에 1,200세트를 완판하는 기록을 세웠다.

현대백화점에서 오리엔탈 브런치 세트를 판매하여 완판하는 기록을 새웠다.

그 외에도 세울 수 있게 디자인된 도마, 포스트잇처럼 붙일 수 있는 냅킨 등 다양한 아이디어들이 국내 크라우드소싱을 통해 상품화되어 인기를 끌고 있다.

세우기 쉬운 도마

포스트잇처럼 자유롭게 붙였다 뗄 수 있는 잇 페이퍼

LG에서 운영하는 IDEA LG^{https://www.jdealg.co.kr} 도 아이디어 오디션과 유사한 크라우드소싱 서비스를 제공한다. 일반인의 아이디어를 제안 받아 네티즌과 전문가의 평가 과정을 통해 최종 아이디어를 선별하며, 선별된 아이디어는 유사 상품 검증과 특허 등록 과정을 통해 상품화되어 LG샵을 통해 판매가 이루어진다. 대기업에서 전략적으로 이루어지는 서비스인 만큼 앞으로의 행보가 기대된다.

이외에도 브로스앤컴퍼니^{http://www.brosncompany.com}, 메이크^{http://www.maque.co.kr} 등의 크라우드소싱 사이트도 활발하게 운영되고 있다. 미국에서 운영하는 서비스는 영어권 환경에서 최적화 되어 있어 영어를 잘 하지 못한다면 국내 사용자들은 서비스 이용에 어려움이 많다. 국내 크라우드소싱 서비스 업체는 이러한 불편함을 해소해준다. 아이디어만 있다면 어떤 조건도 필요없이 동일한 조건으로 참여할 수 있는 크라우드소싱, 지금 바로 참여하여 여러분의 아이디어에 날개를 달아 보자!

https://www.idealg.co.kr

http://www.brosncompany.com

http://www.maque.co.kr

좋은 아이디어가 있으면 도전하라!

전세계적으로 많은 사람들이 크라우드 펀딩이 지닌 가능성에 주목하고 있으며, 국가적인 지원과 장려도 확대되고 있다. 미국에선 크라우드펀딩의 급성장에 발맞춰 새로운 법안인 잡스 법JOBS-Jumpstart Our Business Startups- Act이 2012년에 통과되었다. 중소기업과 신생 기업의 자금 유치에 대한 규제를 완화하고 크라우드펀딩을 통한 자금 유치를 허용하는 등 스타트업을 장려하는 내용의 법안이다. 우리나라에서도 비교적 짧은 시간 안에 많은 플랫폼들이 개설됐으며, 크라우드펀딩 투자를 활성화하고 투자자를

잡스법에 승인하고 있는
오바마 대통령

보호할 관련 법안도 국회에서 마련될 전망이다. 크라우드펀딩은 우리 앞에 다가오고 있는 하나의 현실인 것이다.

두 명의 주부의 아이디로 탄생한 여성 히어로 캐릭터, 아이앰엘리멘탈

크라우드펀딩은 아직까지는 소규모 프로젝트나 스타트업에 적절한 자금 조달 방식으로 평가되고 있다. 하지만 이 점이 도리어 매력으로 작용하기도 한다. 특히 거대 자본에 의해 많은 사업 영역이 포화상태에 다다르고 참신한 아이디어들이 투자자들의 눈치를 봐야만 하는 상황에서, 크라우드펀딩은 특별한 의미를 지닌다. 생산자에게는 조금 엉뚱한 꿈이라도 사람들에게 공감시키려 노력하면서 자신만의 새로운 영역을 개척해 나가는 경험을, 소비자에게는 수동적인 성향에서 벗어나 나와는 상관없다고만 생각해 왔던 영역에 참여해 볼 수 있는 경험을 준다. 지금 당장 세상을 바꾸는 것은 아닐지라도, 그런 작은 경험들이 조금씩 쌓여 희망과 도전정신을 고취시킬 수 있는 게 아닐까. 일각에서는 크라우드펀딩이

Micro USB 포트를 이용하여 충전할 수 있는 스마트 건전지, 몬스터 배터리

한 한생의 아이디어로 탄생한 3D HDM 오큘러스

저조한 시청률로 중단된 TV 시리즈를 영화로 재탄생함

기업의 경영 방식, 나아가 우리의 소비 방식 자체를 바꿔 버릴 것이란 전망까지도 일어나고 있다. 그렇게 멀리까지 보지 않더라도, 일단 아이디어만 있다면 누구나 도전해볼 수 있고, 작은 돈이라도 투자해볼 수 있다는 점만은 분명한 매력이다.

영화 속 공중부양 보드를 현실로 만든 호버보드

크라우드펀딩은 꿈을 이루어주기도 하지만 그보다 앞서 꿈의 시험대이기도 하다. 크라우드펀딩에 성공하려면 도전정신과 더불어 아이디어에 의미를 부여하고 사람들에게 설득하는 기술이 필요하다. 프로젝트가 이슈가 되고 목표를 달성하여 성공하기까지 개설자는 많은 노력을 해야 한다. 하루에도 수많은 프로젝트가 업로드되고, 그 중에서 사람들의 공감을 얻어내지 못하는 아이디어는 쉽게 묻히고 만다. 많은 사람들의 주목과 도움이 없이는 성공하기 어려운 구조이기 때문에, 많은 사람의 참여를 이끌어내기 위한 노력이 반드시 필요한 것이다. 실제로 첫 번째 도전만으로 큰 성공을 이루는

눈이 아니라 촉감으로도 시간을 알 수 있게 해주는 브래들리 타임피스

USB로도 빠르게 충전해 주는 더블타임 케이블

만능 아이스박스, 쿨리스트 쿨러

자세까지 교정해주는 팔찌형 웨어러블, 아키

경우는 드물었다. 많은 개설자들이 여러 번의 실패를 겪고서도 끝없이 도전한 뒤에야 성공했다. 좋은 아이디어가 있다면 도전하라, 너도나도 도전정신과 창의성을 강조하는 시기, '어떻게?'를 고민하는 사람들에게 크라우드펀딩은 하나의 해법이 될 수 있을 것이다.

샐러드 만들기라는 황당한 이벤트를 55,000달러라는 펀딩 기록을 세워 이슈가 된 잭 브라운

2

페리 체어의 리스타터?

킥스타터?

킥스타터가 뭐야?

킥스타터는 자금 지원이 필요한 개설자와 기금을 지원하는 후원자를 연결해주는 미국의 대표적인 크라우드펀딩 플랫폼이다.

킥스타터는 2009년, 음악가였던 페리 첸[Perry Chen], 음악 유통 사이트 에디터였던 얀시 스트리클러[Yancy Strickler], 디자이너 찰스 애들러[Charls Adler]가 공동으로 창업했다. 서비스를 시작한 이후 여러 성공적인 프로젝트들이 배출되었고 양적으로나 질적으로나 꾸준히 확장되면서 세계 최대의 후원형 크라우드펀딩 플랫폼이 되었다.

킥스타터 창업자

킥스타터에 대한 전 세계의 뜨거운 반응

2014년 한 해 동안만 해도 킥스타터를 통해 전세계 약 3백만 명의 사람들이 5억 달러가 넘게 후원했다. 4만여 개의 프로젝트가 등록되었고, 그중 2만여 개의 프로젝트가 성공했다. 점점 더 많은 사람들이 킥스타터에 몰려 프로젝트를 올리고, 또 후원하고 있으며, 이 기록은 몇 년째 계속 상승 중이다. 킥스타터를 통해 나온 상품들이 그 해 최고의 발명품으로 꼽히기도 하고, 언론에선 킥스타터에서 놀라운 성공을 거둔 사람을 인터뷰하기 위해, 또는 새로 나올 상품을 리뷰하기 위해 킥스타터 페이지를 꾸준히 모니터링하고 있다. 명실상부 세계인의 주목을 받고 있는 플랫폼인 것이다. 아직까진 한국에서 직접 프로젝트를 올릴 수 없지만, 그 열기는 그대로 전해지고 있다. 거의 날마다 올라오는 킥스타터 관련 기사들이 그것이다. 이미 국내에서도 많은 이들이 이런저런 방법을 통해 킥스타터에 도전하고 있으며, 성공을 거둔 사례들도 적지 않다.

ALL OR NOTHING

킥스타터는 후원자에게 보상품을 지급하는 후원형 크라우드펀딩이다. 정해진 기간 동안 목표금액을 채우는 데 성공하면 후원금을 전달하고, 실패하면 후원자에게 모두 환불해주는 '모 아니면 도'^{All or Nothing} 방식으로 유명해졌다. 이 방식은 프로젝트가 성공하기를 바라는 후원자들의 열정적인 참여를 끌어냈을 뿐만 아니라 개설자가 '돈만 먹고 튀는' 경우도 줄일 수 있었다. 프로젝트의 개설자가 정말로 목표를 달성하고 싶다면 프로젝트가 실현 가능한지, 후원자와의 약속을 지킬 수 있는지 모두 투명하게 공개해야만 한다.

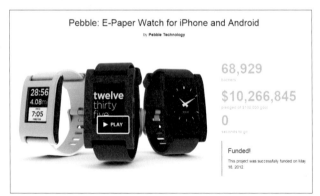

목표 달성에 성공하면 5% 정도의 킥스타터
수수료를 빼고 모금 금액이 전달된다.

후원자에 대한 책임

킥스타터에서도 자체적으로 프로젝트 심사를 거친다. 이미 시중에 나온 물건과 중복되는지, 실현 가능성이 있는지, 목표 금액이 달성되면 어떻게 사용할 것인지, 어디까지 개발이 되었고 개발 이후의 배송은 어떻게 계획하는지 등 프로젝트를 등록해주기 전에 개설자에게 자세히 요구함으로써 문제 있는 프로젝트를 사전에 정리한다. 그것으로도 모자라 프로젝트가 성공한 이후에도 프로젝트의 상황을 꾸준히 업데이트할 것을 주문한다.

| Story | Updates (53) | Comments (15,636) |

"'Stylish smartwatch' may not be an oxymoron after all." Steel Yourself: A New Pebble Smartwatch Is On Its Way » *ReadWrite*

"Pebble managed to address the two biggest complaints people have about smartwatches: their lack of functionality and clunky looks." We Pick the 10 Best Gadgets at CES » *Wired*

"Just as a new suit or dress can transform a person, the Pebble is reborn for a whole new audience with its metallic new look." Best Tech of CES 2014 » *Mashable*

"More like a fashion accessory than a geek toy." The Best of CES 2014 » *PC Mag*

"Pebble is back in stainless steel, and will come with more apps and functionality than ever before." CES 2014 review: The best tech from the show » *T3*

"The Pebble was the first smartwatch people wanted to own, and at CES this year, it just got a lot classier." Best of CES 2014 Award Winners » *Digital Trends*

Winner: CES 2014 Best Wearable Tech Award » *TechRadar*

Below are a couple of pictures from our Pebble Steel production line. Sorry they aren't as many as we usually post. We can't release all the pictures on the line at our new factory, but we're happy to share a few.

페블의 프로젝트 완료 후 상품 개발 과정을 보여주는 업데이트 페이지

성공의 열쇠는 신뢰

킥스타터가 프로젝트에 적극적으로 관여하는 행위는 개설자와 후원자 사이에 신뢰를 형성하는 데 도움이 되었다. 이러한 믿음이 있기에 후원자들도 보다 적극적으로 프로젝트에 참여할 수 있게 된다. 킥스타터에 대한 사람들의 주목은 하루아침에 이루어진 것이 아니었다. 작은 성공부터 차근차근 쌓아나가며, 킥스타터라는 플랫폼에서 자신들의 이야기를 만들어왔기 때문에 프로젝트 개설자와 후원자 사이의 건강한 관계가 선순환되는 체계가 세워진 것이다. 이러한 신뢰는 상대적으로 프로젝트 관여가 적은 인디고고와 차별되는 요소 중 하나다.

1달러 이상을 후원한 후원자는 프로젝트 페이지에 코멘트를 남길 수 있다. 코멘트 페이지를 통해 개설자와 후원자 사이에 투명한 소통이 이루어진다.

그리고 신념

CEO로 있는 페리 첸은 초심을 잃지 않기 위해 노력한다고 한다. 킥스타터로 대성공을 거둔 사람들이 나오고, 언론에서 최고가 후원 신기록에 대해서 대서특필할 때에도 그는 초심을 잃지 않았다. 그것은 바로 창작자와 소비자 사이의 연결을 통해 누군가의 창조성이 수많은 다른 이들의 도움을 통해 세상에 나오는 일에 대한 경이로움이기 때문이다.

또한 사업을 확장하기 위해 무리하기보다 오랫동안 지속 가능한 회사가 되는 것을 목표하고 있다고 한다. 킥스타터는 '앞으로 수 세대를 위해 만들어졌다.'고 서슴없이 말한다. 그리고 달성금액에만 주목하지 말고 프로젝트가 궁극적으로 개인과 사회에 어떤 영향을 미칠지를 봐 달라고 말한다. 킥스타터의 이런 자신감과 신념을 보고 사람들이 모여드는 것이 아닐까.

매일 의미있는 프로젝트를 선별하여 [Project of the day] 코너에 소개하고 있다.

킥스타터 프로젝트를 열어볼까?

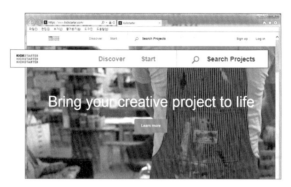

킥스타터는 웹페이지 또는 스마트폰 앱으로 접속할 수 있다. 웹페이지는 'www.kickstarter.com'을 입력해서 접속하고, 스마트폰은 'kickstarter' 앱을 검색해서 설치하면 된다. 킥스타터에 접속하면 나타나는 메인 페이지에서 카테고리 별로 프로젝트를 찾아보려면 [Discover] 메뉴를 클릭하고, 검색어로 프로젝트를 찾으려면 [Search Projects]를 클릭하여 나타나는 검색창에 검색어를 입력하여 찾을 수 있다.

[Discover] 메뉴를 클릭한 후 보고 싶은 프로젝트를 골라
열람하면 다음과 같은 프로젝트 정보 화면이 나타난다. 상단의
이미지에 표시되어 있는 [PLAY]를 누르면 상품 소개를 동영
상으로 볼 수 있다. 상품 정보를 보기 위해 가장 많이 선택하는
방식으로 킥스타터에서는 상품 소개 동영상이 후원 모금에 중
요한 역할을 한다.

화면 오른쪽 상단에 표시되어 있는 backers는 프로젝트에
참여한 후원자의 수다. 가운데 표시되어 있는 금액은 지금까지
모금된 총 금액이고, days to go는 프로젝트 종료까지 남은
기간을 의미한다. 금액 밑에 표시된 pledged of 에는 프로젝

트 목표 금액이 표시된다. 지정된 기간 안에 목표 금액을 초과하면 프로젝트가 성공, 후원금이 전달되어 다음 단계로 진행되고, 목표 금액을 채우지 못하면 후원금도 전달되지 않고 프로젝트도 중단된다. 프로젝트 페이지에서 화면을 스크롤하면 프로젝트에 대한 자세한 설명을 볼 수 있다.

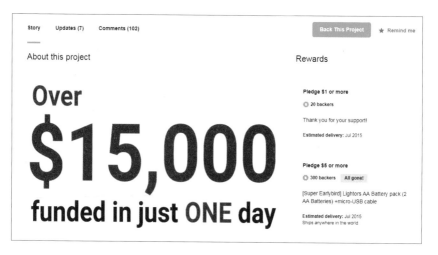

그리고 상세 페이지 오른쪽에 위치해 있는 [Rewards]에는 개인 후원 금액에 따른 보상품 소개를 볼 수 있다. 각 목록마다 후원 기금에 따른 보상품 항목이 표시되어 있다. backers는 해당 후원 기금에 지원한 후원자의 수이다. 그리고 backers 옆에 Limited라는 항목이 있는 경우가 있는데 이 항목은 해당 후원 기금에 지원할 수 있는 제한 인원수이다.

프로젝트에 참여하려면 상세 페이지에서 [Back This Project] 버튼을 클릭한 후 기부할 금액을 선택하고 [continue to next step] 버튼을 클릭한다. 결제 페이지가 나타나면 신용카드 정보를 입력해서 결제를 완료한다. 사용할 수 있는 신용카드는 비자, 마스터카드, 아메리칸익스프레스이다. 국내에서는 프로젝트를 개설할 수는 없지만 후원은 할 수 있다.

아이디어를 훔쳐보자!

앞에서 킥스타터 사이트에 접속해서 등록된 프로젝트를 보는 방법에 대해서 알아보았다. 인디고고 http://www.indiegogo.com 도 같은 방법으로 정보를 볼 수 있다. 킥스타터와 인디고고 사이트에는 전세계에서 등록된 수많은 아이디어 상품들을 볼 수 있을 뿐만 아니라 후원자들의 호응을 통해 트렌드도 읽을 수 있다. 다른 사람들이 올린 아이디어를 참조하여 나만의 아이디어를 만들거나 내가 만든 아이디어를 보완하는 데 많은 도움을 얻을 수 있으므로 수시로 사이트에 접속해서 정보를 얻도록 하자. 킥스타터와 인디고고의 스마트폰 앱을 이용하면 보다 편리하게 정보를 볼 수 있을 것이다. 특히 공유 기능도 제공하고 있어 기록해두고 싶은 프로젝트는 [Share] 버튼을 누르고 [Facebook]이나 [Evernote]를 선택해서 자료를 해당 앱에 기록해둘 수도 있다.

정보를 보는 것도 중요하지만 더 중요한 것은 메모하는 습관이다. 훌륭한 아이디어는 갑자기 떠오르기 때문에 언제든지 메모할 수 있는 준비가 필요하다. 에버노트 Ever note, 솜노트 등과 같은 스마트폰의 메모 앱을 이용하면 언제 어디서든지 빠르게 기록할 수 있으므로 편리하다. 기발한 아이디어들을 기록해둔다면 값진 자료로 이용할 수 있을 것이다.

페리 첸이 말하는 킥스타터

2012 × TED Tripoli 강연
Perry Chen

TED 강연

http://youtu.be/sHVBVAGUwCg

2012년 트리폴리에서 열린 페리 찬 TED 강연

킥스타터라는 아이디어를 떠올리게 된 계기

우리의 목표는 다음과 같은 문제를 해결하는 것이다. '대부분의 아이디어는 실현에 필요한 자금을 마련하지 못한다' 이것은 내가 겪었던 문제이기도 하다. 킥스타터를 런칭하기 전인 지금으로부터 7년 전^{2005년}, 나는 뉴올리언스에 살고 있었다. 이때 재즈페스티벌에서 콘서트를 하려고 돈을 모으고, 장소를 물

색하고, 아티스트들을 수소문하였으며, 결정적으로 콘서트를
열기 위해 필요한 자금으로 만오천 달러 정도를 준비해야 했
다. 그러나 특별한 스폰서가 없었기에 자금을 구하지 못했고
결국 마지막 순간에 그만둬야 했다. 누구나 함께 즐길 수 있을
대단한 이벤트가 될 거라고 기대했지만 할 수 없었다. 그 후 몇
주가 지나서야 그때 왜 청중들을 끌어들이지 않았을까, 500명
에게만 미리 표를 팔았다면 할 수 있었을 텐데, 왜 그러지 않았
을까 하는 아쉬움이 들었다.

대부분의 아이디어들이 펀딩에 실패하는 이유 중 하나는 대
중의 지지가 따라오지 못하기 때문이다. 아이디어들 앞에는 아
이디어의 실현을 결정할 최종결정자들이 있다. 자금의 향방을
결정할 결정자들 말이다. 그들은 문지기와 같다. 어떤 아이디
어는 그들을 통과하고, 어떤 아이디어는 그렇지 못한다. 이 문

지기들이 나쁘다고 말하고 싶은 것은 아니다. 단지 그들에겐 한정된 자원만이 있기 때문에 새로운 아이디어를 모두 수용하기에는 한계가 있을 뿐이다.

어떤 사람들이 프로젝트에 후원하는가

킥스타터 웹사이트에서는 4,000에서 4,500개의 프로젝트를 볼 수 있다. 대부분은 미국이지만 다른 나라의 프로젝트도 많다. 이것들은 대부분 '창조적인' 프로젝트들이다. 여기서 '창조적'이란 영화나 음악, 예술뿐만 아니라 아주 넓은 의미에서의 창조성을 말한다. 우리는 음식, 기술, 언론 등 다양한 세계를 다룬다. 이 프로젝트들은 모두 평범한 사람들에 의해 후원된다. 나나 당신 같은 사람들, 창작자의 친구들, 창작자의 팬들이다. 우리의 웹사이트를 통한 후원은 투자가 아니다. 당신이 후원한 앨범이 음악 차트에서 1위를 하더라도 당신은 어떤 금전적인 보상도 받지 않는다. 그보다는 음반 한 장, 후원자만을 위한 콘서트, 또는 특별 한정판, 작업에 참여할 수 있는 경험 같은 것들을 얻는다. 이와 같은 일은 투자를 받는 사람과 투자를 하는 사람 사이의 관계를 바꿔 놓는다. 당신은 마치 후견인처럼 투자하는 것이다.

런칭 초기 앨리슨 와이스의 프로젝트

2009년, 킥스타터가 런칭되고 이삼 주 정도 지나 앨리슨 와이스^{Allison Weiss}라는 여성의 프로젝트가 올라왔다. 그녀는 대학생이었고, 혼자 기타도 치고 노래도 하고 프로듀싱까지 다 하는 앨범을 낸 경험을 가지고 있는 뮤지션이었다.

앨리슨은 우리가 성취하고자 하는 정신을 정확히 알고 있었다. 자신의 음악에 대한 열정이 있었고, 자기 집 부엌에서 촬영한 영상을 친구들과 함께 전세계에 공유하고자 했다. 이 영상을 보고 나면 그녀에게 그저 몇 달러 정도라도 후원하고 싶어질 정도로 매력적이었다. 한 가지 놀라운 사실은, 엘리슨의 영상에서 그녀의 앨범에 들어갈 노래는 전혀 나오지 않았다는 점이다. 앨범을 만들 테니 후원해 달라는 가사의 노래를 만들어 불렀을 뿐이었다. 우린 그녀의 열정, 단지 하고 싶은 일을

http://youtu.be/INPyJl91AMM

앨리슨 와이스 프로젝트 홍보 영상

밀어붙이는 에너지를 확인할 수 있었다. 그녀는 우리에게 투자를 바라거나 대단한 후견인이 되어 달라거나 진로를 지원해 달라거나 부탁하는 것도 아니다. 그저 앨범 한 장을 내기 위해 아주 약간의 도움을 청하고 있을 뿐이었다.

킥스타터 방식의 펀딩이 가능한 이유

25달러는 한 프로젝트에서 한 사람이 가장 흔히 후원하는 금액이다. 1달러만 후원할 수도 있다. 후원 금액은 전적으로 후원자의 선택에 달려 있다. 이렇게 작은 금액이 오고가기 때문에 이 모든 일들이 가능해진다. 후원자는 재정적인 보상에 대해서는 생각할 필요가 없다. 만약 천 달러나 만 달러, 백만 달러 정도를 후원해야 한다면 이에 대한 대가를 생각하지 않기가 더 어려울 것이다. 투자한 만큼의 돈을 되찾아야 할 것이고, 열심히 이익을 계산해야 할 것이다. 그러다 보면 프로젝트에 대해 이것저것 판단하기 시작한다. 시장에서의 반응은 어떨지, 가능한 보상은 무엇인지, 부담할 위험은 무엇인지 등등. 그 모두는 큰 금액이 오가기 때문에 고려하는 요소들이다. 하지만 그저 몇 달러를 후원한다면 그런 일들은 생각할 필요가 없다. 이때는 '이 사람이 내 맘에 드는가?' '이 아이디어가 내 맘에 드는가?' '이 스티커를 받으면 좋을까?' '이 앨범을 가지면 좋을까?' 오직 그것만이 중요하다. 시장에서 시험될 기회조차 갖지 못하는 모든 아이디어가 여기에 참여할 수 있다. 많은 예술가들, 선구자들, 새로운 컨셉을 지닌 모든 프로젝트들이 사람들의 생각을 듣고 지원을 받을 수 있는 기회를 갖는 것이다.

후원자는 프로젝트에 대해 어떻게 생각하는가?

앨리슨의 앨범 프로젝트의 경우, 하루 만에 목표를 달성했다. 그녀의 개성이 많은 사람들에게 어필했고, 또 많은 사람들이 프로젝트의 링크를 공유해줬기 때문이다. 약속한 두 달이 지났을 때 최종적으로는 목표의 네 배에 가까운 금액이 모였다. 이 일은 사람들이 킥스타터 프로젝트를 어떤 식으로 생각하고 있는지 보여주었다. 사람들이 앨리슨 앨범을 만드는 데 필요한 금액 이상을 후원한 이유는 사람들이 프로젝트에 동참

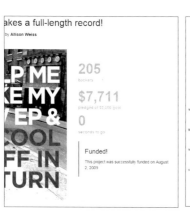 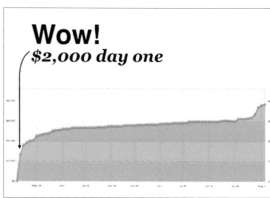

앨리슨 와이스 앨범 프로젝트 펀딩 결과

하고 싶었기 때문이고, 프로젝트를 가치 있게 여겼기 때문이었다. 후원을 일종의 자선사업이라고 생각하지 않고 서로 간의 동등한 교환이라 생각한 것이다.

단순한 펀딩 웹사이트가 아닌 커뮤니티로의 변화

2009년 4월 킥스타터를 런칭한 뒤로 2년 반 정도 지났다. 지금까지 17,000여 개의 프로젝트가 성공했고, 총 1억 5천만 달러가 모금되었다. 세계에서 1억 4천만 명의 사람들이 여러 프로젝트들에 후원했다. 영화와 영상에 5천만 달러, 음악에 3천만 달러, 그 외 디자인, 예술, 기술, 출판, 연극, 게임, 식품, 사진, 무용, 만화 등이다. 우리는 이렇게 넓은 영역에서 창조적인 프로젝트들을 지원한다. 어느 때든지 웹사이트에서 3,500에서 4,000개의 프로젝트가 동시에 진행되는 것을 볼 수 있다. 그 프로젝트들은 모두 앨리슨과 같은 사람들이 자신의 집에서 혼자, 아니면 친구나 동료들과 함께 만들어 업로드한 것이다.

처음에는 사람들이 자신이 활동하고 있는 커뮤니티로 프로젝트 페이지를 링크했다. 하지만 시간이 지나고 나서는 흥미로운 프로젝트를 둘러보기 위해 킥스타터에 방문하기 시작했다. 단지 돈 때문만이 아니라 새로운 아이디어를 보고 영감을 얻기 위해서, 또는 그들의 영역에서 활동하는 다른 사람으로부터 배우기 위해서. 결과적으로 킥스타터는 단지 후원을 위한 사이트가 아니라 각각의 프로젝트가 속한 커뮤니티에 참여하고, 비디오와 업데이트를 통해 사람들이 뭔가를 만드는 과정을 지켜보는 곳이 되어 가고 있었다.

범위를 넓혀가는 프로젝트들

흥미로운 프로젝트 하나를 소개한다. 이집트의 18일^{18 Days In Egypt}이란 프로젝트로, 18,000 달러를 목표로 진행 중이다.(2011년 2월 20,142달러로 펀딩에 성공했음) 카이로에서 업로드된 것이다. 이집트 혁명 과정에서 사람들이 휴대폰과 캠코더로 만들어낸 자료들을 가능한 한 많이 모아 쌍방향 웹사이트를 구축하려는 프로젝트다. 그들은 모은 자료들을 전 세계와 공유하기를 바랐다.

이집트의 18일 프로젝트 성공 후
오픈한 홈페이지(http://beta.18daysinegypt.com)

지난 주에 시작된, 비디오 게임 제작 프로젝트인 더블 파인 어드벤쳐^{Double Fine Adventure}도 흥미롭다. 미국의 인디 게임 개발사인인 '더블 파인'에서 어드벤처 게임 개발을 위한 프로젝트를 시작했다. 앨리슨의 경우 2천 달러를 목표로 7천 달러를 모았고, 이 프로젝트는 지난 수요일에 시작해서 목요일에 백만 달러가 모였다. (2012년 3월, 최종 3백만 달러 달성) 더블 파인 팀은 게임 커뮤니티에서 매우 유명한 개발팀이었지만, 퍼블리셔들은 아무도 이 게임을 사지 않을 것이라며 모두 투자를 거부했다. 결국 이들은 킥스타터에 프로젝트를 올렸고, 3만 5천 명의 사람들이 이 게임을 사겠다고 나섰다. 단 하루 동안 백만 달러를 후원한 것이다.

펀딩 완료 후 개발 중인 Broken Age 게임

킥스타터가 바꾸고자 하는 것

전통적인 제작의 형태는 다음과 같다. 누군가 컨셉을 떠올리면, 소규모의 동료 그룹과 공유한다. 그리고 긴 제작 과정에 돌입한다. 보통 그 제작 과정은 '진공' 상태에 있다. 제작하는 과정에서 상대하는 이들은 회사나 회사의 개발자들, 협업자들, 레코드레이블, 뭐든 간에 대체로 작은 그룹, 적은 수의 사람만이 그 과정에 참여하기 마련이다. 그런 상태로 긴 시간 끝에 프로젝트를 완성한 뒤에야 완성품을 세상에 내놓는다. 그리고 사람들이 좋아해 주기를 바랄 수밖에 없는 것이다. 사람들이 완성품에 대해 어떻게 생각할지는 결국 모르는 일이다. 제작자는 시장조사, 또는 친구들로부터 피드백을 받을지도 모르겠지만 어쨌든 작업 과정에서 그들은 진공 상태에 있다.

우리는 바로 이 모델을 바꾸고자 한다. 최초에 당신을 일깨워준 아이디어를 세계에 먼저 공유하는 것이다. 친구, 팬들, 대중들에게 먼저 아이디어를 보여주고 그들에게 조언을 받고, 도

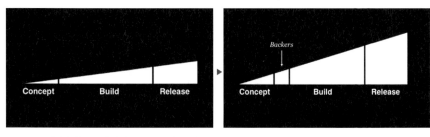

아이디어 구상 후 후원자를 통해 상호관계를 유지하여 개발하면
보다 큰 효과를 얻을 수 있다.

움을 청하고, 이를 실현시킬 자금을 모으는 것이다. 프로젝트 개설자는 업데이트를 통해 흥미로웠던 것, 잘 되거나 잘 되지 않았던 것들을 이야기하고, 사람들은 프로젝트의 성장을 지켜볼 것이다. 이런 식으로 사람들의 참여가 이루어진 제작 과정이 끝나는 단계에서, 프로젝트는 이미 든든한 청중들을 확보하게 된다. 이들은 프로젝트에 분명한 관심을 지닌 사람들이다. 그들로부터 듣게 되는 피드백은 '소비자'의 입장과는 매우 다르다. 바로 '한 사람'의 입장, 당신이 뭔가 해내길 바라는 사람의 입장이다. 그들은 개설자의 이야기를 들어 준 사람들이고, 제작자의 이야기는 곧 그들의 이야기가 된다. 베일을 열어젖히고 사람들에게 이것이 어떻게 만들어지는지를 보여줄 때 이런 새로운 관계가 형성된다. 앨리슨의 프로젝트에는 205명이 후원해 주었다. 앨리슨을 도운 이 205명의 사람들은 바로 이런 식으로 느끼게 되는 것이다. 그들에게 앨리슨의 앨범은 보통 사람들과는 완전히 다른 식으로, 매우 각별하게 들릴 것이다.

킥스타터의 지향점

페이스북, 트위터, 유튜브. 다들 이 웹사이트를 알 것이다. 우리는 웹에 큰 공을 들이고 있다. 특히 소비자 웹, 영리 목적의 공간들에 말이다. 우리는 이익을 추구하는 회사다. 3개의 웹사이트 모두 영리를 추구함에도, 그런 일을 넘어선 다른 차원을 지니고 있다. 저들은 거대한 규모의 커뮤니케이션과 거대한 규모의 민주주의를 가능케 한다. 이들은 우리가 따라가고자 하는 하나의 예시다. 3개의 웹사이트 모두 광고가 있지만, 킥스타터 사이트에는 광고가 없다. 우리는 광고 같은 부분에는 흥미가 없다. 우리는 단지 이러한 플랫폼들이 갖고 있는 가능성에 주목한다. 오늘날의 기술을 통해 이전까지의 한계를 초월하는 방식 말이다.

최대 금액을 달성한 콘텐츠

스마트워치 | 문화, 내가 만든다!

> 스마트 시계
> 페블 워치 Pebble Watch

http://kck.st/HumIV5

KICKSTARTER 2012년 5월

$10,266,845
후원자 68,929명

KICKSTARTER 2015년 3월

약 $20,000,000
후원자 약 70,000명

two
forty
five

페블 워치Pebble Watch는 킥스타터의 전설이 된 프로젝트다. 킥스타터가 유명해지기도 전인 2012년, 페블은 십만 달러 펀딩을 목표로 프로젝트를 시작하였다. 프로젝트는 시작한 지 두 시간 만에 목표를 달성하고 하루 만에 백만 달러를 넘겼으며, 천만 달러로 펀딩을 마감하는 쾌거를 이루었다. 아무도 예상하지 못한 이 갑작스런 성공은 개설자, 후원자, 킥스타터 담당자, 심지어 동종업계 종사자들 모두에게 충격을 주었다.

페블pebble은 2011년에 창업한, 스마트시계를 만드는 기업이었다. 처음에는 블랙베리폰과 연동하여 사용할 수 있는 인펄스inPulse라는 제품을 출시했지만 별 관심을 받지 못하고 실패했다. 이후 페블 팀은 포기하지 않고 안드로이드와 아이폰에 호환되는 새로운 제품을 만들고자 했다. 에릭 미기코프스키Eric Migicovsky 대표는 투자자들을 찾아가 자신들이 개발중인 제품이 스마트폰과 블루투스로 연결하여, 달리기, 자전거 타기, 골프 등 스포츠 활동에 특화된 애플리케이션을 가동시킬 수 있는 시계라고 홍보했지만 돌아온 반응은 냉담했다. 당시는 웨어러블 기기보다는 소프트웨어에 대한 투자를 우선하던 시기였기 때문이었

페블 대표 에릭 미기코프스키

다. 결국 자금을 구하지 못한 그는 마지막이라는 심정으로 2012년 4월 킥스타터에 프로젝트를 등록했다. 투자자들이 모두 외면한 제품을 대중이 좋아해주리라고는 그도 기대하지 않았을 것이다.

그러나 결과는 '초대박'. 대중은 페블 워치에 열광적으로 호응했다. 페블 프로젝트는 킥스타터에 역사적인 신기록을 세웠고, 그 압도적인 기록은 2014년

말까지도 깨지지 않았다. 약 8만 5천 개의 페블 워치가 킥스타터를 통해 세상에 나왔고, 지금까지는 100만 대 이상이 판매되었다. 페블 워치만을 위해 개발된 전용 앱도 6천 개 이상이다. 투자조차 받지 못하던 제품이 대중화에 성공한 것이다.

투박한 디자인에 흑백 화면인 페블 워치가 인기를 끈 이유는 저렴한 가격에 사용자가 원하는 기능만 담은 단순함이라고 정리할 수 있다. 2006년 소니에서 처음 출시된 스마트워치 이래로 웨어러블 시장은 전문 스마트기기 업체를 중심으로 발 빠르게 움직이고 있었다. 고화질 액정에 다양한 기능으로 무장한 스마트시계가 출시됐지만 이에 비례하여 가격 또한 만만치 않아 대중의 선호를 이끌어내기에는 어려움이 많았다. 페블은 이러한 문제점을 깨닫고 불필요한 부분을 과감하게 생략하여 스마트

페블 워치 2013

페블 스틸 워치 2014

워치의 대중화를 꾀했다. 페블의 노력은 프로젝트가 성공한 뒤에도 개선을 거듭해 2014년, 이전까지의 플라스틱 재질에서 탈피하여 금속 소재를 사용한 고급스러운 디자인의 페블 스틸Pebble Steel을 출시하면서 디자인 부분에서도 완성도를 높였다.

그리고 그것으로 끝이 아니었다. 페블은 2015년, 또 다시 킥스타터에 도전했다. 이번에는 컬러 디스플레이를 장착한 페블 타임Pebble time이었다. 프로젝트 등록 하루 만에 600만 달러를 돌파, 일주일 만에 전작의 펀딩 금액인 천만 달러를 가뿐히 넘기고 2천만 달러 돌파를 눈앞에 두며 킥스타터 역대 최고 금액을 다시 한번 갱신했다. 이번에는 무엇이 달라졌기에 전보다 더한 인기를 끌게 된 것일까?

우선 디스플레이의 변화다. 전력 소비는 적지만 컬러 표현에 문제가 있던 e-ink를 컬러 e-ink로 업그레이드하여 전력 소비는 적으면서도 컬러를 표현할 수 있게 되어 사용자들의 만족감을 높였다. 또한 음성 인식 기능을 추가하여 터치없이 조작이 가능하게 했으

페블 타임 2015

며, 데이터를 과거, 현재, 미래로 나누어 볼 수 있는 시스템을 적용하여 사용자가 보다 쉽게 스마트워치를 이용할 수 있도록 했다. 페블의 이러한 인기에는 전용앱도 큰 역할을 했다고 한다. 킥스타터를 발판으로 삼아 대기업도 넘볼 수 없는 플랫폼 시장을 만든 것이다. 이제는 어느 누구도 페블의 아성을 넘어서기 어려워 보인다.

이렇듯 페블의 성공은 단지 프로젝트의 성공만을 의미하진 않았다. 그 자신과 킥스타터를 널리 알렸을 뿐만 아니라, 그 이후 전 세계의 사람들이 크라우드펀딩이라는 플랫폼에서 이뤄지는 스타트업의 가능성에 주목하기 시작했다. 웨어러블 기기와 킥스타터 붐의 신호탄이이자, 새로운 시장 개척의 상징이 된 것이다.

http://youtu.be/IVYFF1mrvEg

https://getpebble.com

02

한 괴짜의 천만불짜리 도전!

다용도 아이스박스
쿨리스트 쿨러 Coolest Cooler

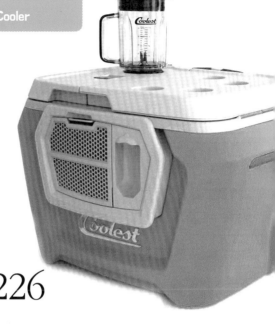

http://kck.st/1oweGkH

KICKSTARTER

$13,285,226
후원자 62,642명

　2014년 8월, 킥스타터에 올라온 프로젝트가 세계를 놀라게 했다. 6만여 명이 이 프로젝트에 약 천 3백만 달러를 후원해 주었고, 그때까지의 역대 최고액이었던 페블스마트워치(약 천만 달러)의 기록이 깨졌다. 우리나라 돈으로 환산하면 백억이 넘는 돈이다. 제품의 이름은 쿨리스트 쿨러^{Coolest Cooler}, 겉보기엔 평범한 아이스박스에 불과하다.

쿨리스트 쿨러는 어떻게 이런 대성공을 거둘 수 있었을까? 먼저 눈길을 끄는 부분은 맥가이버칼처럼 다양한 기능이다. 배터리로 작동하는 믹서기가 내장되어 있어 1회 충전으로 23리터의 과일주스, 칵테일, 스무디 등을 만들 수 있다. 여기에 방수 기능을 갖춘 블루투스 스피커, 스마트기기를 충전할 수 있는 USB 포트도 장착되어 있다.

이러한 참신한 기능들 말고도 사용자의 필요에 맞춘 아이디어도 여러 곳에서 찾아볼 수 있다. 밤에 아이스박스를 열면 LED조명이 켜져 내용물을 환히 볼 수 있고, 칸막이를 사용하면 자주 열어야 하는 칸과 낮은 온도를 유지할 칸을 나눠 관리할 수 있다. 뚜껑에는 칼, 도마 등을 수납할 수 있는 공간이 있고, 병따개도 달려 있으며 모래사장에서도 잘 굴러가게 설계된

바퀴가 있어 어디서든 캐리어처럼 끌고 다니며 그 위에 다른 물건들을 실을 수도 있다.

이렇듯 기능들을 죽 늘어놓고 보면 좀 산만하게 보이는 듯도 한데, 찬찬히 살펴보면 모두 아이스박스를 갖고 다닐 만한 상황에서 유용한 기능들임을 알 수 있다. 심지어 왜 이전엔 이런 발상이 없었는지 궁금해질 정도이다. 기술적으로 특별히 대단한 구석은 없지만, 캠핑 때 항상 큰 자리를 차지하는 아이스박스에 여러가지 물건들을 상상하지 못했던 방법으로 조합한 것이 이 발명품의 특징이라고 할 수 있다. 하지만 과연 이런 아이디어만으로 천만 달러의 대성공을 설명할 수 있을까?

제작자인 라이언 그레퍼Ryan Grepper는 스스로 반쯤은 몽상가이고 반쯤은 미친 과학자라고 소개한다. 그는 2006년부터 전업 발명가로 활동하며 몇 가지 제품을 발명하여 제품화시킨 적이 있었고, [Inventor's Blueprint]http://www.inventorsblueprint.com라는 홈페이지를 운영하며 자작 동영상을 통해 발명가 교육에도 힘쓰고 있다.

그의 첫 번째 발명품은 실용적이라기보다는 우스꽝스러운 기계였다. '샤타펄트Shot-a-pult'라는 이름의 그 장치는 단지 젤리 칵테일을 멀리 던지는 기능이 전부인 장난감이었다. 샤타펄트는 상업적인 성공을 거두지는 못했다. 차라리 실패에 가까운 것이었다. 하지만 그는 시행착오를 겪는 과정에서 마케팅과 발명에 대한 꽤 많은 교훈을 얻었고, 그 자체로 이미 하나의 성공이라 여긴다고 말한다. 발명품 덕에 플레이보이 지에서 주최한 파티에 초대받아 파티에서 무척 즐겁게 놀았으니 만족스러웠다고 유머러스하게 덧붙이기도 잊지 않았다.

그렇게 발명가로서의 경험을 쌓은 후 심혈을 기울여 준비한 작품이 바로 쿨리스트 쿨러다. 보통 아이스박스는 '따분하다'는 것이 그의 생각이었다. 크고 거추장스러운 아이스박스에 보다 실용적인 기능을 추가하고 싶었던 그는 먼저 믹서기와 스피커를 달아 보았다. 그레퍼는 이 첫 번째 쿨리스트 쿨러로 2013년에 킥스타터에 도전했지만 펀딩에는 실패하고 말았다. 보통 사람이라면 낙담할 수도 있었겠지만 포기하지 않고 디자인을 일신하고 더 많은 기능을 추가하여 보다 실용적인 물건으로 보완했으며 2014년, 재도전 끝에 누구도 상상하지 못했던 성공

조대받아 라이언 그레퍼의 발명품 중 하나인 '샷어펄트'

을 거두었다.

　사람들의 주목을 받기 위해서는 아이디어도 중요하고 사용자의 요구도 중요하다. 하지만 무엇보다 쿨리스트 쿨러에 그토록 많은 사람들이 호응해 준 것은 그의 지칠 줄 모르는 도전 정신과 유쾌함, '쿨함' 덕분이 아니었을까.

http://youtu.be/l4irb2K1p8E

http://coolest.com

03 빈틈을 찾으면 새로운 시장이 열린다!

비디오게임 콘솔
오우야 OUYA

상세페이지

http://kck.st/Mfvs9y

KICKSTARTER
$8,596,474
후원자 63,416명

아무리 게임에 관심이 없는 사람이라도 게임기를 TV와 연결하고 조이패드를 이용하여 게임을 하는 모습을 쉽게 떠올릴 수 있을 것이다. 한때는 이런 게임기가 아이들에게 최고의 선물이기도 했다. 많은 사람들이 TV의 사용권을 두고 부모님과, 또는 자식과 신경전을 벌였던 추억을 갖고 있을 것이다. 그때의 게임기 산업은 계속 발전을 거듭해, 오늘날 거대한 게임콘솔 시장을

이루었다. 오늘날 게임 콘솔 업체는 플레이스테이션playstation을 만든 소니, Xbox를 만든 MS, Wii를 만든 닌텐도로 크게 3개 업체로 나눌 수 있다. 셋 다 워낙 거대한 업체들이라 그 사이로 비집고 들어갈 틈은 없어 보인다.

이러한 시장에 과감하게 도전장을 낸 것이 바로 오우야OUYA다. 오우야는 다른 업체들이 범접할 수 없는 최첨단 기술이 적용된 기기가 아니다. 모바일 운영체제인 안드로이드Android를 기반으로 동작하는 게임기일 뿐이다. 그렇다고 안드로이드의 앱 마켓을 이용하여 모바일 게임을 이용할 수 있는 것도 아니고, 오우야에서 제공하는 전용 마켓을 이용해야만 게임을 다운로드 받을 수 있다. 또한 기기의 사양이 높지 않다는 특성상, 즐길 수 있는 게임도 간단한 캐주얼 스타일이 대부분이다.

그럼에도 불구하고 오우야는 2012년 95만 달러를 목표로 킥스타터에서 펀딩을 시작하여 불과 24시간 만에 250만 달러를 모았고, 최종적으로 약 800만 달러를 달성하며 당시 킥스타터 역사상 두 번째로 성공적인 프로젝트가 되었다. 만 달러 이상을 기부한 사람도 열두 명이나 된다. 오우야 프로젝트의 성공은 매스컴을 통해 다뤄지며 자연스럽게 알려졌으며, 게임기가 출시되기도 전에 이미 오우야 전용 게임을 확보할 수 있을 정도로 유명세를 탔다.

대체 어떻게 그런 성공을 거둘 수 있었을까? 일단 크기가 매우 작다. 너무 작고 가벼운 나머지 게임기 안에 무게중심을 잡아 줄 무게 추까지 들어 있다. 그리고 저렴하다. 단돈 99달러, 한화 약 10만 원 정도면 구매할 수 있다. 다른 콘솔 기기가 4백달러 내외인 것을 감안하면 매우 저렴한 가격임을 알 수 있다. 하지만 그것만으로는 충분하지 않다. 그 진정한 의미를 알아보려면 먼저 비디오 게임 산업의 생태계를 살펴보아야 한다.

오우야 콘솔 인터페이스 화면

게임기 제작사와 게임 개발사는 오랫동안 서로를 필요로 해 왔다. 아무리 좋은 게임기를 만들어도 그 게임기로 즐길 게임이 없으면 안 되고, 아무리 재밌는 게임을 만들어도 게임을 작동시킬 게임기가 없으면 안 된다. 게임 개발사와 게임기 제조사가 이러한 관계를 이루다 보니 '언차티드Uncharted' 시리즈 게임은 플레이스테이션, '헤

오우야 구조도

일로Halo' 시리즈 게임은 Xbox 기기에서만 즐길 수 있는 것처럼, 게임 개발사와 콘솔 업체 사이에 독점 관계가 만들어졌다. 결국 내가 하고 싶은 게임을 하려면 게임을 지원하는 게임기를 함께 구매해야 한다는 것이다. 사정이 이러하다 보니 콘솔 게임은 게임 제작사와 콘솔 업체, 사용자 모두에게 많은 비용이 드는 시장이었다.

하지만 스마트 기기가 보편화되면서 게임 콘솔 산업은 주춤

오우야 게임기를 개조하는 장면

하고 있는 실정이다. 고가의 콘솔 기기와 게임 타이틀을 구매하지 않아도 스마트폰으로 가볍게 즐길 수 있는 게임들이 인기를 끌었기 때문이다. 이러한 모바일 게임들은 스마트플랫폼 운영체제 시장에서 가장 큰 지분을 차지하고 있는 안드로이드OS를 기반으로 만들어진다. 이 안드로이드 체제는 누구나 소스를 공유하여 나만의 다른 형태로 자유롭게 변형해서 이용할 수 있는 오픈소스이다.

오우야의 핵심적인 도전장은 여기에 있다. 스마트 기기와 안드로이드의 폭발적인 성장세에 게임 시장의 지분을 빼앗기고 있다면, 차라리 안드로이드를 기반으로 하는 게임기 쪽으로 나아갈 수 있지 않을까? 어쩌면 안드로이드에서 쌓이고 있는 새로운 게임 생태계를 흡수할 수도 있을 것이다. 즉, 모바일 게임을 개발하는 게임 개발사들을 새로운 생태계로 불러들여 새로

운 게임 콘솔 시장을 구축할 수 있다는 것이 오우야 아이디어의 첫 걸음이었다.

이렇게 시작된 오우야는 업그레이드가 불가능한 다른 게임 콘솔의 시스템 환경도 무너뜨렸다. 새로운 버전의 기기가 출시되면 재구매를 해야 하는 다른 기기들과 다르게, 자유롭게 기기를 업그레이드하고 주변기기를 덧붙이고 라이센스 비용 없이 누구나 자신이 만든 게임을 유통시킬 수 있다는 점이 오우야만의 가장 큰 장점이다.

이렇듯 오우야의 성공 열쇠는 '갖고 싶었던 것'을 사람들에게 제시했다는 데에 있다. 오우야는 세계적인 산업디자이너인 이브 베하 Yves Behar가 디자인을 맡아 작고, 예쁘고, 거실에 장식처럼 두어도 잘 어울리도록 만들어졌다. 갖고 싶었던 물건이 예쁘게 디자인되어 있고 저렴하다면, 그 소유 충동을 떨칠 수 있는 사람은 얼마나 될까?

성공적인 시작 이후, 오우야는 지금도 새로운 게임 생태계를 구축하면서 시장을 넓혀가고 있다. 아직은 고품질의 게임을 즐길 수 없다는 맹점으로 인해 큰 반향을 일으키고 있지는 못하고 있지만 캐주얼 게임과 영화, 영상 등 멀티미디어를 즐길 수 있는 게임 콘솔로서 나름대로 오우야만의 영역을 확보하고 있다.

어느 누구도 쉽게 다가갈 수 없었던 콘솔 시장에 간단한 아이디어만으로 비집고 들어갈 수 있었다는 것, 바로 오우야의 성공이 지닌 의미가 아닐까.

http://youtu.be/U39L4mEyIRc

https://www.ouya.tv

04

팬들의 힘을 무시하지 마라!

영화 프로젝트
베로니카 마스 Veronica Mars

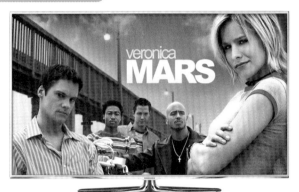

http://kck.st/Z1HJRR

KICKSTARTER

$5,702,153

후원자 91,585명

　베로니카 마스^{Veronica Mars}는 미국의 CW/UPN 채널에서 방영한 하이틴멜로·추리 드라마로 2004년에 첫 방영을 시작하여 2007년에 시즌3까지 나오고 종영되었다. 원래는 다음 이야기가 나와야 했지만 시청률 부진을 이유로 제작이 취소되었다. 이야기가 마무리되지 못하고 끝나버리자 팬들의 분노는 엄청났다.

　2013년, 베로니카 마스 시즌의 연출과 각본을 맡았던 롭 토

감독인 롭 토머스와 주인공인 크리스틴 벨과 제이슨 도링

머스Rob Thomas는 킥스타터를 통해 베로니카 마스의 극장판을 만들기 위한 자금을 모았다. 후원 금액에 따라 대본, 티셔츠, 영화 디지털 파일, 영화 티켓, 베로니카 마스 DVD, 포스터, 팬에게 보내는 배우의 동영상 인사, 배우 및 스탭들과 함께하는 시사회 입장권 등이 약속되었다. 최고의 보상품은 만 달러를 기부한 한 사람에게 엑스트라로 출연시켜 준다는 것이었는데, 과연 누가 그 정도로 후원해 줄 것인가 이목이 집중되기도 했다. 주인공은 스티븐 덴글러Steven Dengler라는 사람이었다. 그는 정말로 만 달러를 기부해 웨이터 역할로 출연했다. 딱히 베로니카 마스 시리즈의 팬도 아니었고, 오로지 '크라우드펀딩 애호가'로서 후원했다고 한다. 그 자신도 스타트업 기업을 운영하는 사람이었던 것이다.

프로젝트는 총 9만 명으로부터 약 570만 달러라는, 당시 영화 제작 프로젝트로서는 가장 큰 규모의 성공을 거두면서 화제가 되었다. 팬들의 힘으로 만들어진 영화는 결국 2014년 3월 14일 개봉했으며 소규모로 개봉되었지만 박스오피스 10위 권에 들 정도로 인기를 끌었다. 영영 끝맺지 못할 수도 있었던 이야기가 약 7년 만에 마무리된 것이었다. 팬들의 힘이 킥스타터와 만나 이뤄낸 쾌거였다.

감독과 출연진

http://youtu.be/1DTZ-fXU4iE

05

흘러간 콘텐츠의 화려한 부활!

**록맨 게임 계승자
마이티 넘버 나인 Mighty No.9**

세상페이지

http://kck.st/1dCQtYV

KICKSTARTER

$3,845,170
후원자 67,226명

    1987년, 일본 굴지의 게임 개발사 캡콤^{CAPCOM}에서 '록맨'이라는 게임을 세상에 내놓았다. 단 여섯 명의 개발진에 의해 만들어진 록맨^{Rockman}은 출시 후 북미와 일본에서 큰 인기를 얻었다. 최초의 록맨 이후 지금까지 20년이 넘는 세월 동안 록맨이라는 타이틀 아래 후속작들이 꾸준히 발매되었고, 지금은 시리즈 전체를 다 헤아리기조차 힘들 정도다. 매우 두터운 팬층이

이 시리즈를 지지하며 매년 차기작을 고대해 왔음은 말할 것도 없다. 2000년대까지만 하더라도 록맨 시리즈는 캡콤의 간판 라인업이었다.

하지만 2010년에 들어서면서부터 록맨 신작들이 줄줄이 엎어지고 중단되고 취소되자 팬들은 근심에 빠졌다. 특히 2012년에는 시리즈 탄생 25주년을 맞아 발매되리라 기대를 모았던 '록맨 대쉬3'의 개발 중단에 이어, 록맨 시리즈의 메인 프로듀서의 갑작스러운 퇴사는 이제 시리즈가 폐지되는 것 아니냐는 우려까지 낳았다. 이에 팬들에 의해 개발 중단 철회를 요구하는 10만 명 서명이 벌어지기도 했지만 캡콤에서는 들어주지 않았고, 이 일로 캡콤은 팬들의 반감을 샀다. 몇 번인가 록맨 콘텐츠를 서비스 식으로 다른 게임에 넣어 주기는 했지만, 신작다운 신작은 감감무소식이었다. 기다리다 못한 열성 팬들은 아예 자기들끼리 록맨 팬 게임을 만들어 즐기기도 했다.

마이티 넘버 9의 게임 장면

그리고 2013년 8월, 킥스타터에 프로젝트 하나가 올라왔다. '마이티 넘버 나인Mighty No. 9'이라는 제목의 게임이었다. 록맨의 메인 프로듀서이었던 이나후네 케이지의 프로젝트였던 것이었다. 이나후네 케이지는 록맨의 최초 제작 단계부터 기획과 디자인에 꾸준히 참여해 록맨의 아버지라고도 불리는 유명한 게임 기획자다. 그는 운영진과의 마찰로 캡콤을 퇴사하고 콤셉트comcept라는 회사를 설립하였지만 아직 고유 타이틀을 확보하지는 못한 채 다른 게임사의 '용병'으로 뛰던 중이었다. 그가 마이티 넘버 나인을 기획하게 된 까닭은 바로 록맨의 부활을 바라는 팬들의 끈질긴 요청 때문이었다.

그는 팬들을 위해 할 수 있는 일이 없을까 고민했다. 이미 캡콤을 떠나왔기 때문에 록맨과 비슷한 게임을 만든다는 것은 크리에이터로서의 프라이드가 용서할 수 없는 일이었다. 하지만 원하는 팬들이 그렇게 많다면, 팬들의 힘이 있다면 할 수 있지 않을까, 또 해야만 하지 않을까, 하는 생각이 들었다고 한다. 그는 고심 끝에 킥스타터에 프로젝트를 올렸다. 결과는 대성공이었다. 90만 달러를 목표로 시작되어 10월에 종료되었다. 최종적으로는 목표의 4배를 초과한 380만 달러가 모였다. 프로젝트는 뜨거운 관심 속에 더 높은 목표를 향해 출발할 수 있게 되었다. 1만 달러 이상을 지원한 사람도 네 명이나 되었으며 이들은 이나후네 케이지와 도쿄에서 저녁식사를 갖는 이벤트를 누렸다.

이나후네 케이지는 과거 팬들이 록맨에서 받았던 느낌을 주면서도 록맨보다 재밌고 현대적인 감각의 게임을 만들겠다고 공언했다. 또 팬들과 계속 소통하고 귀 기울이며, '높으신 분들'에 휘둘리는 일 없이 시리즈를 만들어 나가겠다고도 덧붙였다. 중단된 프로젝트인 록맨 대쉬3에서 했던 이벤트, '여주인공 투표'도 다시 진행했다. 팬들은 '마이티 넘버 나인'이 록맨의 진정한 계승자라고 생각하고 있다. 게임이 출시되기도 전인데도 팬아트가 쏟아져나오고 있는 등, 마이티 넘버나인에 대한 록맨 팬들의 응원과 지지는 대단한 수준이었다.

여주인공 캐릭터 공모

　이나후네 케이지는 킥스타터와 같은 플랫폼을 통해 유저와 개발자 사이의 장벽이 점차 허물어지고 있는 덕분에, 게임 제작의 흐름이 대형 개발사에서 인디로 넘어가고 있다고 말한다. 캡콤에 있을 때 그는 9백 명의 직원과 40개의 프로젝트를 지휘했던 거물 개발자였다. 지금은 30명의 소규모 개발사를 직접 이끌며, 월급을 받던 때와 달리 월급을 주는 입장이 되었다. 몸은 배로 바쁘고 신경 쓸 일도 많아졌지만 기분은 훨씬 좋다고, 매일매일이 행복하다고 밝힌다. 이나후네 케이지의 이런 성공적인 출발은 이제 사용자들이 기다리기만 하는 시대는 끝나가고 있음을, 이미 흘러간 콘텐츠라도 팬들의 지지가 있다면 새롭게 부활할 수도 있음을 뜻하는 건 아닐까?

이슈를 불러 일으킨 콘텐츠

01

게임광 청년의 리얼한 도전!

D HMD
오큘러스 리프트 Oculus Rift

상세페이지

http://kck.st/NU6QRn

KICKSTARTER

$2,437,429
후원자 9,522명

　한 청년이 있었다. 컴퓨터 게임을 더 재밌게 즐기고 싶었던 이 청년은 뭔가를 만들어 보기로 했다. '여태껏 이 세상에 없었던 물건', '체험이란 단어의 정의를 바꿔놓을 물건'이라고까지 찬사를 받고 있는 가상환경 재생장치, 오큘러스 리프트의 시작이었다.

　오큘러스 리프트^{Oculus rift}는 HMD ^{Head Mounted Display}, 즉 사용자

088 킥스타터 혁명

가 머리에 쓰면 사용자의 눈앞에 직접 영상을 제시해 주는 디스플레이 장치다. 옛날 SF영화에서 미래의 기술력을 표현하기 위해 등장하곤 했던 바로 그 가상현실 장치다. 하지만 컴퓨터그래픽 기술이 나날이 발전하여 이제 더는 발전할 수 없는 지경이라는 말들이 오가고, 3D로도 부족하여 4D영화까지 개봉하는 마당에도 옛날 영화에서 본 것과 같은 '가상현실 체험'은 지지부진하기만 했다. 전에 없이 웅장하고 정교한 영상들이 눈을 압도하지만 그 순간뿐이다. 영화처럼, 그 풍경 속으로 직접 들어갈 수는 없을까?

물론 시도가 없었던 것은 아니다. 이런 저런 제품들이 있었지만 모두 너무 비쌌고, 그에 비해 성능도 만족스럽지 않았다. 그런 상황에 큰 불만을 가졌던 사람들 중 한 명이 바로 게임광 청년 파머 럭키Palmer Lucky였다.

파머 럭키

오큘러스 리프트의 제작사인 오큘러스VR의 대표 파머 럭키는 이십대에 불과하다. 열다섯 때부터 게임을 사랑하며 가상환경에 관심이 많았던 이 청년은 자신이 가지고 즐길 만한 여러 HMD를 수소문해 보았지만 도통 맘에 드는 것을 찾을 수 없어서 결국 직접 만들기로 했다. 그는 낡은 창고에서 수많은 기성 HMD와 스마트폰의 부품들을 이용해 오큘러스 리프트의 초기 버전을 만들어냈다. 테이프를 감아 줄을 연결하고 접착제로 센서를 붙인, 문자 그대로 '창고에서 튀어 나온' 물건이었다.

파머 럭키의 목표는 환상적인 현실감을 제공하면서도 맘만 먹으면 누구나 살 수 있는 보급형 HMD였다. 기존 HMD는 각각의 눈에 다른 영상을 보여줘 공간감을 만들어 내기 위해 2개의 초소형 디스플레이를 사용해야 했고, 초점을 맞추기 위해 고가의 특수 가공한 렌즈가 필요했다. 하지만 이렇게 만들었다고 해도 그저 허공에 화면이 떠 있을 뿐, 진정한 가상 체험과는 거리가 멀었다. 더 높은 현실감을 구현하려면 기계는 더 복잡해지고, 가격은 함께 치솟는다. 애초에 게임을 위해서는 사용되기 어려운 구조였다.

파머 럭키가 기존의 HMD와 근본적으로 차원이 다른 현실감을 제공하면서도 훨씬 저렴한 가격의 HMD를 만들기 위해 고안해 낸 방법은 의외로 간단한 것이었다. 한 개의 긴 디스플

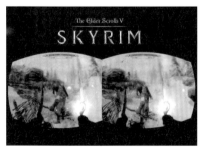
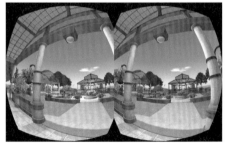

오큘러스 리프트로 보이는 화면. 좌우로 분할된 3D용으로 제작된 영상이 양쪽 눈에 투영되어 하나의 입체 영상을 만들어 낸다.

레이에 2분할된 영상을 띄운 후 볼록렌즈를 사용하여 초점을 조절할 수 있도록 했고 볼록렌즈로 인해 생기는 왜곡은 영상을 처음부터 왜곡시켜 송출해서 해결한다. 여기에 머리의 움직임에 따라 디스플레이 화면도 함께 움직이는 헤드트레킹 장비를 결합시켜 보다 현장감을 느끼게 만든 것이 오큘러스 리프트의 기본 원리다. 가상현실의 진정한 구현을 위해 필수라고 할 수 있는 요소들을 그토록 간단하고 저렴하게 얻어낸 것이다.

파머 럭키는 이 정도의 아이디어와 효과라면 가상체험 업계의 판도를 바꿀 수도 있을 것이라고 생각했다. 영상 속으로 걸어 들어가는 일은 더 이상 꿈이 아니었다. '충분히 가능한' 일이었다. 다만 스타트업에 필요한 비용이 문제였다. 그 와중에 전설적인 게임 개발자인 존 카멕™ 초창기 3D 게임인 Doom, Quake 게임 개발자을 만나게 되었고, 존 카멕이 직접 오큘러스 리프트의 초기 버전을 게임 포럼에 들고 나가 시연하여 큰 관심을 받았다. 존 카멕을 비롯해 많은 이들이 오큘러스 리프트 프로젝트에 합류했다. 파머 럭키는 동료들과 함께 본격적으로 시작해 보기 위해 25만 달러 유치를 목표로 킥스타터 프로젝트를 업로드했다. 게이머들과 개발자들 사이에 소문이 퍼져 나갔고 인터넷에는 오큘러스 리프트의 시연 영상이 나돌았다. 정해진 날짜에 다다랐

을 때, 목표 금액의 열 배인 240만 달러가 모여 있었다. 사람들은 이 청년의 꿈에 공감하고 응답해 주었다. 모두가 자신도 모르는 사이에 새로운 HMD에 얼마나 목말라 있었는지 확인한 것이다. 오큘러스 리프트를 사용해 본 사람들은 이렇게 말했다.

'미래를 보았다.'

성공적인 킥스타팅 이후 오큘러스 리프트는 CNN 선정 10대 발명품 중 하나가 되었고, 그 뒤의 투자 유치에도 성공하여 게임 개발자를 위한 오큘러스 리프트 개발자 킷을 내놓는 데까지도 성공했으며 2014년 3월에는 신생 기업으로선 파격적인 20억 달러에 페이스북에 인수되었다. 오큘러스 리프트에 대한 기대와 관심이 얼마나 컸던지 인수합병 때문에 럭키 파머와 동료들은 열성적인 팬들로부터 살해협박까지 받았다고 한다.

삼성과 합작하여 스마트폰과 함께 이용할 수 있는 오큘러스가 출시되는 등 오큘러스 리프트는 지금도 발빠르게 움직이고 있다. 한 20대 청년이 시작한 도전은 가상현실의 역사를 새롭게 써 내려 갈 것이다.

http://youtu.be/DhcOMOWRMnA

02

샐러드 만드니까
10달러만 기부하세요!

황당한 프로젝트 감자 샐러드

http://kck.st/1pLytCe

KICKSTARTER

$55,492
후원자 6,911명

킥스타터엔 온갖 다양한 프로젝트가 올라오는데, 그 중엔 '뭐 이런 게 다 있어' 싶은 것들도 있다. 이런 프로젝트를 만든 사람이 있다는 것도, 프로젝트에 후원해 주는 사람이 있다는 것도 이해하기 어려운 경우다. 이러한 프로젝트는 대부분 실패하지만, 어떤 것들은 놀랄 만한 성공을 거두기도 한다. 감자 샐러드 프로젝트가 그 중 하나다.

'나는 감자 샐러드를 만들고 있어요.'

그것이 프로젝트 설명의 전부다. 목표는 10달러. 10달러를 모으면 그 돈으로 감자 샐러드를 만들겠다는 것이 프로젝트의 전부였다. 개설자는 미국의 잭 데인저 브라운Zack Danger Brown이란 사람이다. 후원 보상 품목도 볼 만하다.

1달러 - 웹사이트에 감사 메시지를 쓰고, 감자 샐러드를 만들면서 당신의 이름을 외쳐줄게요.

2달러 - 감자 샐러드를 만드는 내 사진을 보내줄게요.

3달러 - 감자 샐러드를 한입 줄게요.

5달러(디럭스 패키지) - 샐러드에 더할 적절한 재료 하나의 선택권을 줄게요.

10달러(플래티넘 레벨) - 감자 샐러드를 만들 때 주방에 초대할게요.

〈위험요인〉 부분에는 '처음 만들어 보는 감자 샐러드라서 잘 못할 수도 있어요'라고 쓰여 있다.

목표 금액이었던 10달러가 너무 쉽게 채워지자 그는 추가로 목표를 세웠다. 35달러가 모이면 원래 계획보다 4배 많은 감자 샐러드를, 75 달러가 모이면 파티를, 100달러가 모이면 두 종의 감자 샐러드에 도전하겠다고 공언했다.

이 진기한 프로젝트가 SNS에서 입소문을 탔고, 심지어 IT 전문 매체인 씨넷^{CNet}에 보도되면서 알려지자 더 많은 인기를 끌게 되었다. 잭 브라운은 후원금이 늘어나는 동시에 끊임없이 보상과 목표도 수정했다. 금액이 천 달러를 넘게 되면서는 감자 샐러드 제작의 인터넷 생중계를 약속했다. 그러면서 보상품으로 35달러 이상 후원자에게는 특별 제작한 기념 티셔츠를, 50 달러 이상 후원자에게는 감자 샐러드 요리책을 약속했다. 사람들의 시선이 몰리자 마요네즈 제조사에서 후원도 들어왔다. 그렇게 일주일이 지나 모인 금액은 어느덧 3천 달러가 되었고, 언론에선 프로젝트에 대해 앞다투어 보도했다. 그리고 2014년 8

월, 약 7천 명으로부터 5만 5
천 달러를 후원받으며 프로젝
트는 종료되었다. 첫 목표 대
비 최종 금액만 따지면 킥스
타터에서 가장 큰 성공을 거

둔 것이다. 비율로 따지면 자그마치 '554,928%'의 성공이었다. 이전까지 킥스타터에서 억 소리가 나는 성공들이 있어 왔지만, 이런 황당한 프로젝트가 이 정도 성공을 거둔 전례는 없었기 때문에 종료 후에도 많은 관심이 쏠렸다.

나중에는 감자 샐러드를 따라한 비슷한 성격의 프로젝트들이 속속 올라왔다. 이를 두고 어떤 사람들은 킥스타터의 정신이 돈 많은 사람들의 심심풀이와 농담 따먹기로 훼손될 수도 있을 것이란 우려를 표했고, 어떤 사람들은 감자 샐러드와 같은 프로젝트가 바로 킥스타터의 정신인 창의성에 부합하는 것이라며 논쟁을 펼쳤다. 어쨌든 큰 인기를 끈 것만은 사실이다.

누구도 상상하지 못했을 정도로 스케일이 너무 커져버린 덕에, 많은 사람들이 잭에게 대체 어떻게 약속을 지킬 것이냐고 물어봤다고 한다. 잭은 업데이트를 통해 어떤 방식으로 보상품과 약속을 풀어나갈 것인지를 밝혔다. 자신이 샐러드 만드는 모습을 찍은 사진을 메일로 보내주었고, 샐러드에 들어갈 재료를

투표로 정했으며, 장장 4시간에 걸쳐 후원자들의 이름을 불러주는 동영상을 찍었다. 붉은 얼굴로 목까지 쉬어 가며 이름을 불러주는 잭의 모습은 벌칙을 받는 것처럼 안쓰러울 정도였지만, 시종 유쾌한 태도를 잃지 않았다. 목표도 처음엔 부엌에서 몇 명의 후원자들과 함께 만드는 것에 불과했지만 나중엔 파티홀을 빌리는 것으로 바뀌었고, 마지막엔 넓은 잔디광장을 빌려야 했다.

잭은 이 파티를 유명한 록 페스티벌인 '우드스탁'에서 따와 '포테이토스탁'이라 이름 붙였다. 프로젝트가 종료되고 한 달이 지난 후 포테이토스탁 감자 페스티벌은 성공적으로 치러졌다. 남은 돈은 비영리 재단에 기부하여 노숙자와 기아를 위해 쓰일 것이라 밝혔다. 자신들의 농담 같은 프로젝트가 언젠가는 잊혀지더라도, 그 영향력은 영원히 느껴질 것이라는 말과 함께 말이다.

영상 보기

http://youtu.be/gacUgnNHh7Y

7장 먼 미래를 향한 인공위성 띄우기 도전!

우주망원경 아키드 ARKYD

상세페이지

http://kck.st/1hz8ciV

KICKSTARTER

$1,505,366
후원자 17,614명

킥스타터의 여러 기상천외한 프로젝트들 중 빼놓을 수 없는 하나가 바로 아키드^{ARKYD}다. 프로젝트를 간단히 말하자면 킥스타터 후원금으로 위성을 쏘아 올리겠다는 것으로, 프로젝트명은 '모두를 위한 우주망원경'이다.

10달러 이상을 후원하면 누구나 우주망원경이 촬영한 화상, 동영상에 액세스할 수 있도록 했고, 29달러 이상을 후원하면 위성의 외부 스크린으로 후원자가 희망하는 이미지를 출력해 지구와 함께 기념 촬영을 해준다. 말 그대로 우주 셀카. 망원경으로 수집한 자료는 인터넷을 통해 박물관, 아마추어 천문학자, 학생 등 다양한 사람들이 교육 및 연구 목적으로 함께 이용할 수 있도록 할 것이라고 한다. 첫 번째 발사는 2015년으로 예정되었고, 100만 달러를 목표로 하여 2013년 7월, 만 7천여 명으로부터 150만 달러 모금에 성공했다.

프로젝트를 개설한 플래닛터리 리소시즈Planetary Resources는 우주로봇을 활용해 소행성의 자원을 채취한다는 원대한 목표를 가지고 있는, 2010년에 설립된 워싱턴 소재의 회사다. 언뜻 일종의 SF적 사기처럼 보이지만, 실상은 그렇지 않다. 이들은 미항공우주국NASA 출신의 기술진을 갖추고 있으며, 영화 감독 제임스 캐머런과 구글 회장 에릭 슈미트 등 유명인사들의 투자를 받아 화제가 되기도 했다. 세계 최초의 민간 우주관광사업체인 버진갤러틱과 손잡고 버진갤러틱 측에서 자체 개발한 위성발

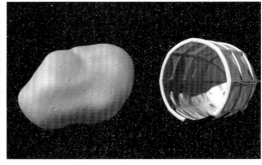

사시스템을 통해 채굴에 필요한 로봇 등을 궤도로 올리겠다는 청사진도 제시하였다.

아키드 우주망원경은 이러한 계획의 첫 출발로, 궁극적인 목표는 지구로 접근하는 소행성을 관측하여 자원 채굴의 대상이 될 수 있는지 판단하는 데 쓰는 것이다. 만약 백금으로 된 소행성 하나를 채굴하면 지금까지 지구에서 채굴된 양을 모두 합한 것보다 많은 양을 얻을 수도 있다고 말한다. 이들의 도전이 어떻게 될지는 당장 알 수 없지만, 이들이 스스로 밝히는 비전만은 분명하다. '불가능을 지금 당장 하자'는 것이다.

http://youtu.be/6S6ICd0QJSc

04 꿈으로 꿈을 이루기

공중부양 보드
헨도 호버보드 Hendo Hoverboards

상세페이지

http://kck.st/ZMd9AA

KICKSTARTER

$510,590
후원자 3,169명

영화 '백투더퓨처Back to the Future'에서 미래로 시간 여행을 떠난 주인공이 탔던 보드를 기억하는가? 바퀴도 없이, 바닥에 전혀 구애받지 않고, 심지어 물 위마저 미끄러지듯 날아다니는 모습은 누구에게나 인상적이었을 것이다. 그 주인공이 체험했던 미래는 서기 2015년이었다. 그리고 영화가 개봉했던 1989년으로부터 어느덧 20여 년이 지나 2014년 12월, 세계 최초의 진짜

백투더퓨처 영화 한 장면

호버 보드

호버Hover, 공중부양 보드라는 물건이 킥스타터를 통해 세상에 알려졌다.

이 호버보드 프로젝트는 총 3천여 명이 무려 51만 달러를 후원해 줌으로써 성공을 거뒀고, 〈타임〉지에 의해 2014년 최고의 발명품 25가지 중 하나로 선정되었다. 유튜브에는 관련 자료들과 함께, 조잡하긴 하지만 평범한 사람들이 직접 만든 호버보드 영상이 수없이 업로드 되기도 했다. 가히 폭발적인 관심을 받았다고나 할 것이다.

그 원리는 뭘까. 자기부상열차와 같이 자석을 이용한다고 생각하기 쉽다. 자기부상열차는 자성을 띤 물체가 같은 극끼리 마주 볼 때 서로를 밀어내는 힘을 통해 움직이는 열차를 말한다. 자석을 이용해 물체를 띄운다는 생각은 언뜻 보기엔 쉬워 보이지만 선로가 존재하는 자기부상열차와 달리 넓은 판 위에서 자유롭게 움직여야 할 때는 이야기가 다르다고 한다. 언쇼의 정리 Earnshaw's Theorem에 의하면 전자기력은 한 위치에 잡아둘 수 없고 끝없이 안정적인 위치로 향하려는 성질이 있기 때문에, 자기부상열차와 같은 원리로 호버보드를 만드는 것은 불가능하다고 한다. 이리저리 멋대로 움직이거나, 뒤집어져 버리거나, 자석 재질의 바닥이 아닌 곳으로 튕겨버려 통제가 불가능하기 때문이다. 아직까지는 누구도 이 문제를 기술적으로 속 시원하게 해결하지 못했다고 한다. 한마디로 불가능하다고 한다.

호버보드 프로젝트는 위에서 소개한 방법 대신 렌츠의 법칙 Lenz's law을 이용하였다. 렌츠의 법칙은 움직이는 자석이 전도체를 밀어내는 원리로 자이로드롭의 브레이크에도 응용되는 기술이다. 프로젝트 팀이 야심차게 개발한 핵심 기술은 바로 회전 자석이 전도체를 밀어낼 때 발생하는 힘을 안정화시키는 것이었다. 이렇게 특정 표면에서 안정적으로 물체를 띄울 수 있다면 그 활용법은 각종 사업과 산업, 의료 등의 분야에서 무궁무진하게 펼쳐질 수 있다고 한다.

http://youtu.be/e6AOLrnwMok

호버보드 운행 모습

하지만 이 호버보드를 자세히 들여다보면 좀 맥이 빠진다. 아쉽게도 이 물건은 구리나 알루미늄 재질의 바닥 위에서만, 그것도 2cm 정도만 뜰 수 있으며, 지탱 무게는 최대 130kg이다. 전력을 동력으로 이용하는데 배터리를 완전히 충전한다 해도 작동 시간은 약 15분에 불과하다. 일반적인 스케이드 보드와 다르게 그 자체의 무게도 상당하거니와 바퀴가 달린 것도 아니어서, 이 호버보드를 타는 모습은 처음엔 신기해도 보다보면 좀 우스꽝스러운 면도 있다. 결정적으로 대당 가격은 만 달러에, 실제 호버보드를 받을 수 있는 사람도 10명으로 한정되어 있다. 대체 이런 걸 왜 만들었으며, 왜 그렇게 관심을 받을 수 있었을까?

굳이 영화가 아니더라도 날개 없이 공중에 뜨고 바퀴 없이 움직이는, 소위 '공중부양'이란 것은 수많은 사람들이 꿈꿔온 환상적인 일이다. 캘리포니아의 건축가이자 개발자, 아르스곽

헨도 창립자 질과 그렉

스[Arxpax]의 대표 그렉 헨더슨[Greg Henderson]도 그런 사람들 중 하나였다. 그러나 그의 공중부양은 보통 사람들이 생각한 것과는 조금 달랐다. 그는 육군사관학교를 졸업한 뒤로 건축업에 종사하면서 완전히 새로운 형태의 집짓기를 상상했다. 자신이 고안한 버퍼미디엄[Buffer Medium]이라 불리는 구조물을 이용한 공법으로, 건물과 지면 사이에 액체나 가스, 유동성 고체 등의 완충재를 넣어 지진과 홍수로부터 안전하게 만드는 기법이다. 그는 2014년 이와 관련된 특허를 출원했으며, 완충재로 적당한 것이 무엇이 있을까 고민하던 차에 자기장을 생각해냈다. 그는 MFA[Magnetic Field Architecture]라고 이름 붙인 자기장 건축기술에 대한 꿈을 갖고 있다. 건물을 지면에서 띄워서 짓는다고 하는 것은 언뜻 듣기엔 허무맹랑

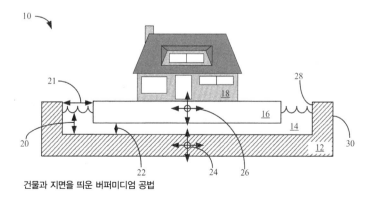

건물과 지면을 띄운 버퍼미디엄 공법

하게 들릴 것이다.

그렉과 그의 팀이 부딪친 가장 큰 장애는 바로 이런 고정관념이었다. 그의 팀은 공중부양이 더 이상 SF영화에나 등장하는 것이 아니라는 걸 모든 사람에게 보여줄 수 있는 아이디어가 없을까 의견을 나눴으며, 그 끝에 나온 것이 바로 호버보드다. 그렉은 이를 만들기 위해 헨도 호버Hendo Hover를 설립하고 팀과 함께 보드의 프로토타입 제작에 성공했다. 자신이 직접 밝힌 대로, 그렉은 스케이드 보드 자체에는 별 관심이 없었다. 일종의 기술시연이자 아이디어 홍보인 셈이었다. 그는 단 열 명만이라도 '이 기술을 호버보드 말고 다른 데에 사용할 수가 있지 않을까?'라고 생각한다면 이 프로젝트는 대성공이라고 말했다. 그

헨도 개발팀

자신까지도 포함하여, 사람들의 꿈이 허무맹랑하지만은 않다는 메시지를 알리는 것이 목표였던 것이다.

　사람들이 가장 많이 후원한 금액대와 그걸로 받은 보상품을 보면 프로젝트의 성격을 더 잘 이해할 수 있다. 먼저 549명이 5달러를 후원했고, 430명이 10달러를, 499명이 25달러를 후원했다. 각각의 보상품은 스티커와 자석, 티셔츠 같은 기념품에 불과했다. 그리고 569명의 사람들이 299달러를 후원했는데, 보상품은 바로 호버보드의 것과 같은 호버엔진이 장착된 가로세로 25cm의 플라스틱 박스, 화이트박스Whitebox 개발자 키트이다. 화이트박스 역시 호버보드와 똑같이 작동된다. 그리고 개량된 모델인 화이트박스 플러스는 스마트폰 앱으로 조종도 가능하다고 한다. 공중에 뜬 작은 상자를 보며 후원자들은 무슨 생각을 했을까? 어쩌면 후원자들은 보상품보다는 프로젝트의 희망에 기부한 것은 아닐까. 한 사람의 꿈과 여러 사람의 도움이 있다면 조만간 영화처럼 공중부양 보드를 타는 세상, 공중에 뜬 집에 사는 세상이 열리게 될지도 모른다.

보지 않고 느끼는 이야기

모두를 위한 디자인 시계
브래들리 타임피스 The Bradley Timepiece

http://kck.st/1av4Cpy

상세페이지

KICKSTARTER

$594,602
후원자 3,861명

    킥스타터에서의 펀딩을 통해 세상에 나온 손목시계가 하나 있다. 브래들리 타임피스 Bradley Timepiece 라는 이름으로 나온 이 시계는 보통의 시계와는 어딘지 달라 보인다. 처음 이 시계를 보면, 기발한 아이디어 상품들 중 하나라는 생각이 들 정도로 독특한 디자인이 눈길을 끈다.

    이것은 'Watch'가 아니다. 'Timepiece'라고 부른다. 눈으로 볼(watch) 필요가 없기 때문이다. 이 시계의 첫인상이 남다른 이유다. 브래들리 타임피스는 고개를 숙이거나 손목을 들어 보지 않고 손으로 만져보기만 해도 시간을 확인할 수 있다.

원리는 그리 복잡하지 않다. 시계판 위에는 시침을 표시하는 쇠구슬이, 시계 테두리 레일에는 분침을 표시하는 쇠구슬이 위치해 있다. 시계 내부에서 시간에 따라 움직이는 자석이 이 쇠구슬을 움직여 시간을 표시한다. 손으로 만져서 위치를 알 수 있게끔 시계판의 표식도 쇠구슬도 모두 도드라지게 제작되었다. 브래들리 타임피스는 시각장애인을 위해 고안된 시계다.

기존의 시각장애인용 시계는 디지털 시계의 경우 버튼을 누르면 소리로 시각을 알려 주고 아날로그 시계의 경우 시계판의 뚜껑을 열고 직접 시침과 분침을 만져 확인할 수 있었다. 전자는 시끄러운 공간과 정숙해야 하는 공간에서는 무용지물이고, 후자는 고장나기 쉬울뿐더러 수리에도 많은 비용이 든다. 브래

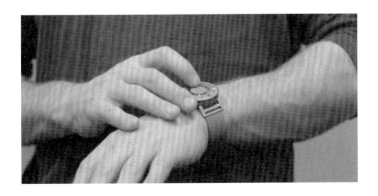

EONE 대표 김형수

들리 타임피스는 튼튼하고 시각 확인도 손쉬워서 기존의 시각장애인용 시계의 단점을 혁신적으로 보완하는 제품이다.

브래들리 타임피스의 제작사인 EONE 창업자이자 대표인 한국인 김형수 씨는 학교 수업 시간에 있었던 일화를 계기로 시계를 개발하게 되었다고 한다. 그가 미국에서 MIT를 다니던 중 옆자리에서 함께 강의를 듣던 어떤 학생이 자꾸 귀찮게 시간을 물어봤다고 한다. 왜 그랬나 했는데 나중에 알고 보니 그 학생이 시각장애인이었던 것이다. 학생이 차고 있던 시각장애인용 시계가 소리로 시간을 알려 주는 방식이었기 때문에 강의를 방해할 수가 없어서, 옆에 있던 그에게 계속 시간을 물어본 것이었다.

이 일을 계기로 김형수 대표는 시각장애인을 위한 손목시계를 만들기로 마음먹었다. 처음에는 공학도들로 팀을 구성하여

점자 손목시계를 개발했다. 그런데 제품을 시각장애인들에게 보여줬더니 반응이 좋지 않았다. 시계 하나를 사더라도 전문숍에서 전용 시계를 구입해야 하는 시각장애인의 고충, 비장애인과 다르게 보이는 것에 대해 장애인이 받고 있는 스트레스에 대해 생각하지 않은 것이었다. 맞춤 제작되어 시선을 끄는 특별한 물건이 아니라, 실용적이면서도 평범한 디자인의 제품을 사용하고 싶어했던 것이다. 인터뷰와 조사를 통해 이러한 시각장애인의 불편을 알아낸 김형수 대표는 기존 팀을 해체하고 디자이너들로 팀을 재구성했다. 개발 방향도 시각장애인만을 위한 시계에서 비장애인과 장애인 모두 실용적이면서도 누구나 갖고 싶을 정도의 디자인 시계로 전환했다.

이는 바로 '유니버셜 디자인Universal design'을 뜻하는 것이었다. 유니버셜 디자인이란 1970년, 건축가인 로널드 메이스Ronald Mace에 의해 창안된 개념으로, 학력, 인종, 성별, 장애유무에 상관없이 누구든 차별감이나 열등감을 느끼지 않고 사용할 수 있게 만든 디자인을 말한다. 단지 사회적 약자만을 위한 디자인이 아니라, 모든 사람에게 보편적으로 유용한 디자인을 뜻하는 것이다. '인간을 위한다'라는 철학과 디자인을 결합해 '모두를 위한 디자인'이라고도 불린다. 유니버셜 디자인 철학에 입각해 이렇게 처음부터 다시 만들어진 시계는 현재의 모습을 갖추게 되었다.

그리고 군복무 중 폭발물로 인해 시력을 잃고 수영선수로 전향하여 런던 패럴림픽에서 금메달을 딴 미국의 스포츠 영웅 브래들리 스나이더Bradley Snyder 선수를 만나 그의 이름을 제품명에 사용하였다.

이렇게 치밀한 준비를 마친 후, 2013년 4만 달러를 목표로 킥스타터에 프로젝트를 올렸다. 프로젝트 페이지에는 그간의 개발과정과 시각장애인들과의 인터뷰, 제작 철학, 그리고 팀에 영감을 준 브래들리 스나이더의 이야기와 함께, 자신의 이름이 붙은 타임피스를 착용한 그의 사진을 담았다. 브래들리 타임피스는 6시간 만에 목표를 달성하고, 최종적으로는 목표 금액의 15배에 달하는 60만 달러의 유치에 성공했다. 이는 개발 목표를 성공적으로 달성하여 시각장애인뿐만 아니라 비장애인까지도 프로젝트에 큰 관심을 보인 덕분이었다.

만져서 시각을 확인하는 브래들리 타임피스는 비장애인에

패럴림픽에서 금메달을 딴 미국의 스포츠 영웅 브래들리 스나이더

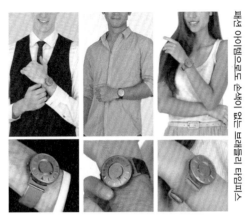

패션 아이템으로도 손색이 없는 브래들리 타임피스

게는 다음과 같은 상황에서 유용할 것이다. 어두운 극장에서 시각을 확인하고 싶을 때, 수업시간이나 중요한 미팅에서 실례가 되지 않게 시각을 확인하고 싶을 때, 손을 뻗어 만지는 것만으로 알 수 있다. 더불어 여기 담긴 디자인 정신에 동감하고 함께한다는 표현도 될 수 있으며, 그 자체로서도 패션 아이템으로 활용될 수 있다. 브래들리 타임피스는 실용성뿐만 아니라 미적 가치에 대한 고려, 그리고 철학과 의미, 이야기를 성공적으로 담아냈을 때 킥스타터가 발휘하는 힘을 입증하는 프로젝트였다.

출처 유튜브

http://youtu.be/j9doO6BTKkM

출처 EONE

https://eone-time.com

06

여자는 세상을 구할 수 없을까?

**여성 히어로 액션 피규어
아이 앰 엘리멘탈 IAmElemental**

상세페이지

http://kck.st/1iIogg6

KICKSTARTER
$162,906
후원자 2,520명

아이들에게 장난감 인형을 사줄 때 보통 어떤 걸 고를까? 남자아이라면 슈퍼맨 인형을, 여자아이라면 바비 인형을? 언뜻 당연한 일 같지만 뭔가 잘못되었다고 느낀 두 엄마가 있었다. 줄리 커윈Julie Kerwin과 던 네이드Dawn Nadeau는 같은 대학을 졸업했으며 같은 동네에서 또래 아이들을 키우는 각별한 사이라고 한다. 두 사람은 아이들을 위해 장난감 가게에 갔다가 여자아이

를 위해 사줄 수 있는 인형이 너무 한정적이라는 점을 깨달았다. 바비 인형은 예쁘긴 하지만 지나치게 '뻣뻣'했다. 바비 인형으로 할 수 있는 놀이도 옷 갈아입히기나 소꿉놀이, 인형의 집속에 두는 것 뿐이었다.

이 어머니들은 딸에게 액션피규어(관절을 움직여 자유로운 자세를 만들 수 있는 인형)를 사주고 싶었다. 그러나 시중에 나온 액션피규어들은 대부분 '남성' 슈퍼히어로 캐릭터뿐이었다. 물론 여성 슈퍼히어로도 있긴 했다. 그러나 하나같이 낯부끄러울 정도로 가슴이 크고노출이 심한 복장을 한 정형화된 모습이었다. 아무리 봐도 여자아이를 위한 것처럼 보이진 않았고, 심지어 남자아이를 위한것으로도 보이지 않았다. 오로지 성인 남성을 위해서만 만들어진 것 같았다. 누가 보더라도 진정한 의미에서 여성 주인공 캐릭터는 없었던 것이다.

두 사람은 가게에서 본 '볼썽사나운 가슴만 달린 장난감들', 그리고 '찾으려 했지만 찾을 수 없었던 장난감들' 때문에 아이

아이엠엘리멘탈의 캐릭터들

앰엘리멘탈*AmElemental* 프로젝트를 시작했다. 바로 여자아이들도 갖고 놀 수 있는, 여성 캐릭터가 주인공인 액션피규어를 만드는 것이었다. 두 사람은 여자아이들이 자유롭게 갖고 놀며 만들어 내는 이야기 속에서 '연약하고 아름답기만 한' 여성이 아니라 '힘세고 강한 존재'인 주인공이 되는 경험을 주고 싶었다.

이들의 피규어는 디자인 단계에서부터 '큰 가슴과 엉덩이, 잘록한 허리'처럼 육체적으로만 어필하는 요소들을 배제하고 정말로 세상을 구할 수 있을 활동적이고 건강한 신체 비율로 정해

졌다. 그리고 잔 다르크로부터 모티브를 따와 용기를 상징하는 일곱 가지 미덕에 맞춰 일곱 초능력 캐릭터를 만들었다. 그 일곱 가지 미덕이란 용감함, 에너지, 열정, 두려움, 정직함, 근면함, 인내심이다. 프로젝트를 진행한 두 사람은 '남자들'이 아니라 우리 '모두'에게 있는 내면의 에너지를 일깨우고 싶

었다고 말한다. 이들의 생각에 공감한 사람들, 그리고 아이들에게 새로운 장난감을 주고 싶었던 부모들의 후원이 이어져 프로젝트는 약 16만 달러를 모으며 성공을 거뒀다. 프로젝트는 단순한 성공을 넘어 고정관념을 타파하는 하나의 창조적인 상징으로 여겨졌고, 〈타임〉지가 선정한 2014년 올해의 발명품 25가지 중 하나로 뽑혔다.

http://youtu.be/4uyvOfHEq9I

http://www.iamelemental.com

각각 의미를 가지고 있는 7가지 캐릭터

[PS:Persistence] 캐릭터

킥스타터로 예술하기

**예술 협업 기금 마련
마리나 아브라모비치 인스티튜트**

상세페이지

http://kck.st/12HRGqU

KICKSTARTER

$661,452
후원자 4,765명

마리나 아브라모비치 Marina Abramovic 는 세르비아 출신의 세계
적인 행위예술가이다. 70년대 초부터 지금까지 약 40여 년 간
예술 활동을 이어온 행위예술 분야의 선두주자이자 살아 있는
전설이다. 아브라모비치에겐 '삶 자체가 행위예술'이란 수식이
붙는다. 만리장성의 양 끝에서부터 걸어와 중간에서 만나 서로
포옹을 하고 다시 갈 길을 가는 퍼포먼스를 통해 동료이자 연인

마리나 아브라모비치 인스티튜트로 재건할 건물과 앞으로 바뀔 모습

이었던 울라이와의 이별을 예술로 승화시키기도 했다.

그녀는 킥스타터에 뉴욕에 있는 낙후된 극장을 '마리나 아브라모비치 인스티튜트'Marina Abramovic Institute, MAI로 재건하여 전시관 및 교육 센터로 활용하는 프로젝트를 시작했다. 춤, 영화, 음악, 오페라, 혹은 미래에 나타날 모든 형식의 예술작품을 위해, 또한 긴 시간이 필요한 예술의 발표와 보존에 사용할 것이라고 한다. 후원금은 사무실, 건축 구성 요소, 조명, 음향 등 리모델링에 사용될 것이라 밝혔다. 아브라모비치가 킥스타터 프로젝트를 시작한 것만으로도 세계의 이목이 집중되었는데, 미국의 아티스트인 레이디 가가Lady Gaga의 누드 퍼포먼스 동영상이 프로젝트 홍보에 쓰여 더욱 화제가 되기도 했다.

세계적인 예술가인 그녀가 군이 킥스타터를 선택한 이유는 이 프로젝트 자체가 예술 작업의 일환이기 때문이다. 그녀는 예술가들이 협업할 수 있는 세계적인 커뮤니티를 만드는 것이 목

표이며, 후원자들은 금전적 후원에만 머무는 것이 아니라 개념적으로도 협업자가 되는 것이라고 말한다. 아브라모비치가 꾸준히 해 온 작업의 한 축은 사람과 사람 사이의 관계, 소통, 신뢰에 대한 것이었다. 이는 킥스타터의 주된 목표와도 일맥상통하는 면이 있다. 바로 창작자와 수용자 사이의 간격을 좁히는 것이다. 그녀는 사람들과 함께 MAI가 세워지는 과정을 공유함으로써 미래의 방문자들과 직접적으로 이어지기를 바란다고 한다.

실제로 1달러만 후원해도 약속된 보상품은 아브라모비치와의 포옹이다. 언뜻 불가능한 것 같은 목표지만, 그녀가 수행해 온 그간의 작업들을 보면 허튼 소리가 아니다. 일례로 「The artist is present」라는 제목의 퍼포먼스는 뉴욕현대미술관에 마련된 의자에 앉아서 찾아오는 관객과 1분 동안 말없이 눈을 마주치는 것이었는데, 그녀는 장장 736시간 동안 1500백 명의 사람들과 마주보았다. 만 달러 이상 후원자는 둘 중 하나를 선택할 수 있었다. 하나는 아브라모비치가 고른 행사에 함께 참여한 뒤 저녁식사, 다른 하나는 누구에게도 알려지지 않고 아무것

도 하지 않는 것이다.

아브라모비치는 자신의 작업들에 대해 이렇게 말했다. '사람들은 단순한 대중이 아니라 각각 살아 있는 인간이고, 저는 그들과 연결되어 머무는 것입니다. 개인은 연약함을 드러내며 연대를 이뤄나갈 수 있으며, 그렇게 서로 연결된 에너지를 통해 정신적 각성을 담아내는 전 지구적인 시스템을 만들어야 합니다.' 마치 킥스타터에 대한 철학적 설명 같지 않은가?

전구를 발명하느라 1800번 실험을 실패하셨는데
실패해가면서 포기하고 싶은 생각은 없으셨는지요?

실패라니요? 단, 한 번도 실패한 적이 없습니다.
전구에 불이 들어 오지 않는 1800번의 방법을 알아냈을 뿐입니다.

~ *Tomas edison* ·~

5.

방사의 전환을 불러온 콘텐츠

01

3D프린터 오류에서 만들어진! 3D낙서

**3D 프린팅 펜
3두들러 3Doodler**

상세페이지

http://kck.st/Y4PXHr

KICKSTARTER

$2,344,134
후원자 26,457명

그림을 그리려면 먼저 그림을 그릴 곳이 필요하다. 종이에 그리든 캔버스에 그리든 담벼락에 그리든 좌우지간 잉크를 묻힐 면이 있어야 한다. 그런데 허공에 곧장 그림을 그릴 수 있다면 어떨까. 일단은 매력적이지 않은가? 3두들러[3Doodler]는 이것을 가능하게 해 주는 도구다. 3두들러는 3D와 Doodler[낙서도구]의 합성어로 바로 3D로 낙서를 할 수 있다는 뜻으로 수많은 신기한 물건 중에서도 단연 돋보이는 신기한 물건이다.

미국의 장난감 기업 워블웍스^{Wobble works}의 CEO인 맥스웰 보그^{Maxwell Bogue}와 그 동료인 피터 딜워스^{Peter Dilworth}는 3D 프린터를 사용하던 어느 날, 기계의 오작동으로 인해 출력물이 두 덩어리로 분리되어 나오는 경험을 하게 된다. 그들은 '두 물체를 풀처럼 이어 붙일 수 있는 물건이 없을까?'라는 질문에서 시작하여 3D 프린터를 펜 형태로 개발하는 작업에 착수하였다. 그렇게 개발을 하다 보니, 펜 모양의 3D 프린터로는 허공에 그림을 그릴 수도 있을 것만 같았다. 그리고 끊임없는 연구와 개발을 통해 세계 최초의 3D 프린팅 펜, 3두들러가 탄생했다.

기본적인 작동 원리는 복잡하지 않다. 펜 뒷면으로는 재료가 들어가고, 앞 부분에서는 열을 가해 재료를 녹여 나오게 한다. 3두들러에는 통상적인 3D프린터에도 사용되는 ABS나 PLA 재질의 플라스틱 스틱이 필요하다. 버튼을 누르면 촉에서 녹은 플

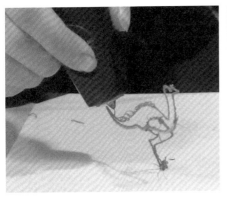

라스틱이 흘러나와 허공에서 순간적으로 굳는다. 이 원리 덕분에 형태가 유지되고, 문자 그대로 공중에 그림을 그릴 수 있다. 기존의 3D프린터처럼 별도의 소프트웨어나 컴퓨터가 필요한 것도 아니다. 손재주만 있으면 된다.

이 3두들러의 시연 동영상을 보면 감탄할 수밖에 없다. 먼저 꿈이 그려지는 것만 같은 충격을 주고, 그 다음엔 누군가에게 보여주고 싶다는 생각이 들지 않을 수가 없다. 워블웍스는 킥스타터에서 3만 달러를 목표로 프로젝트를 시작했다. 3두들러의 시연 동영상은 전세계로 퍼졌다. 더불어 글로벌 핸드메이드 샵 ETSY와의 협업을 성사시켜, 일정 금액 이상을 기부한 사람에게는 ETSY의 아티스트가 3두들러를 사용해 직접 만든 작품을 보내 줄 것을 약속했다. 3두들러 프로젝트는 한 달 만에 24만 달러를 달성, 최종적으로 230만 달러의 유치에 성공했고, 베를린에서 열리는 유럽 가전 전시회 IFA2013에서 눈여겨봐야 할 제품으로도 소개되었다.

이렇게 성공적인 출발과 함께, 지금은 상품화되어 홈페이지에서 99달러에 제품을 구매할 수 있다. 워블웍스는 사용자가 다양한 색상의 스틱을 언제든 추가로 구매할 수 있도록 하는 한편, 누구나 쉽게 그럴싸한 작품을 만들 수 있도록 스텐실 도면도 제공한다. 또한 사용자들이 만든 작품 사진을 갤러리 형태로 꾸며 3두들러를 지속적으로 사용할 만한 제품으로 만드는 데 노력하고 있다. 2015년 1월에는 여러 불편한 점을 보완하고 개량한 '3두들러 2.0'을 개발해 또 다시 킥스타터에 도전하여 성공을 거뒀다.

이러한 연이은 성공이 순탄하기만 했던 것은 아니었다. 3두들러는 워블웍스가 개발했던 66종의 제품 중 하나였기 때문이다. 나머지 65종의 제품은 모두 실패하고 3두들러 하나만이 성공한 것이다. 맥스웰 보그는 혁신적인 아이디어를 현실화하기 위해서는 좌절하지 않고 성공할 때까지 계속 시도하는 인내심이 필요하다고 말한다. 그는 인간의 상상력은 무한하다는 원칙과 세상에 없는 창의적인 제품을 계속 만들어 나가려는 근성을 재차 강조한다.

http://youtu.be/r05gjLfDX2E

http://the3doodler.com

02 전 세계를 재충전해라!

스마트 건전지
몬스터 배터리 Monster Battery

http://kck.st/1E274yG

KICKSTARTER

$69,170

후원자 2,440명

충전이라고 하면 보통 스마트폰 배터리를 생각할 것이다. 지금도 수많은 개발자들이 배터리의 수명을 늘리기 위해, 전력 사용량을 줄이기 위해, 사용하기 편한 보조배터리를 개발해내기 위해 분투하고 있다. 킥스타터에서도 스마트 기기용 배터리에 관련된 온갖 혁신적인 프로젝트들이 나와 인기를 끌기도 했다. 이렇듯 스마트 기기의 전력 확보에 대한 관심이 날로 높아지고 있는 가운데 슬그머니 기억에서 잊힌 물건이 하나 있었으니, 바로 건전지다. 혁신적인 충전용 건전지로 킥스타터에 도전장을 낸 기업은 바로 국내 벤처기업인 라이토즈^{LIGHTORS}의 몬스터 배터리^{Monster Battery}다.

몬스터 배터리는 500번 이상 재충전할 수 있는 충전용 건전지다. 충전용 건전지는 이미 여러 제품이 상용화되어 있는데 가장 대표적인 방식은 전용 충전기를 이용하는 것이다. 하지만 이러한 제품을 이용하려면 전용 충전기를 구매해야 하기 때문에 별도의 비용이 발생될 뿐만 아니라 충전하기 위해 전용 충전기를 가지고 다녀야 했다.

또다른 충전용 건전지 제품은 USB포트로 충전하는 방식이었다. USB포트에 꽂으면 충전이 되는 획기적인 제품이었지만 단점이 있었다. USB포트의 규격이 AA사이즈에는 적합했지만 그보다 작은 크기인 AAA사이즈는 USB 포트의 크기 때문에 생산할 수 없었다는 점이다.

몬스터 배터리는 이러한 문제를 모두 해결해 준다. 스마트폰을 충전하기 위해 누구나 하나쯤은 가지고 있는 마이크로 USB 포트를 이용하기 때문에 어디서든지 충전을 할 수 있고, 별도로 전용 충전기를 구매할 필요도 없다. 뿐만 아니라 충전 포트도 작아서 AAA사이즈의 충전형 건

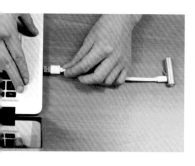

전지도 생산할 수 있다. 몬스터 배터리의 가장 큰 매력은 누구나 가지고 있는 마이크로 USB 케이블을 이용하여 범용성을 넓힌 것이다.

몬스터 배터리를 이용하면 환경오염 문제를 획기적으로 줄일 수 있다. 구세대의 유물이라고 해도 아직 전 세계적으로 사용되고 있는 건전지가 자그마치 매년 백억 개 가량이라고 하니 얼마나 많은 양을 소비하고 있는지 가늠할 수 있을 것이다. 이러한 건전지의 단점은 바로 환경오염이다. 건전지 속에 포함되어 있는 니켈, 아연, 망간, 리튬 등 많은 중금속은 생물학적으로 치명적인 독성을 띠고 있기 때문에, 그대로 버려졌을 경우 심각한 환경오염원이 된다. 그래서 건전지는 반드시 분리수거해야 하는 품목이지만, 세계적으로 수거되는 양은 전체의 2% 밖에 안된다고 한다. 몬스터 배터리를 이용하면 건전지 사용량 자체를 500분의 1로 줄일 수 있는 것이다.

몬스터 배터리는 카이스트에서 경영과학을 전공했고 싸이월드의 공동창업자이기도 한 조금용 대표와 서울대 환경대학원을 졸업한 김대현 부사장이 라이토즈 팀원들과 힘을 모아 1년 여의 연구 개발 끝에 만들어냈다. 그리고 킥스타터를 통해 제품을 선보였으며 결과는 성공적이었다. 프로젝트 진행 하루 만에 목표 금액이었던 만 5천 달러를 달성했고, 현재 7만 달러 가까이 모금되었다. 세계 각국에서 판매 계약 문의도 이어지고 있다고 한다.

조금용 대표

김대현 부사장

조금용 대표는 단순한 이상론이나 신기술에만 매달리는 것이 아닌, 모두의 삶을 더 좋은 방향으로 바꾸고 실질적인 대안을 제시하고자 하는 개발 기획자라고 스스로를 밝힌다. 글로벌 시장으로 진출해 라이토즈를 다음 세대의 애플로 성장시키겠다는 포부를 품고 있는 그에게 킥스타터는 꿈의 첫발이었던 것이다.

홍보영상

http://youtu.be/MoYhy7UAN7E

라이토즈 홈

http://www.lightors.com

03 배터리를 아끼는 새로운 방법

http://kck.st/1n6h5WO

KICKSTARTER

$206,743
후원자 1,513명

　스마트폰을 사용하는 누구나 느끼는 불편함은 연속 사용 시간이 너무 짧다는 점이다. 좀 오래 만지다 보면 배터리가 방전되고 말아 중요한 순간에 스마트폰이 꺼져버리는 경우를 한번쯤은 겪어 보았을 것이다. 그래서 스마트폰을 많이 사용하는 사람은 여분의 배터리를 들고 다니는 경우가 많다. 이러한 실정이다 보니 배터리 용량과 사용시간은 스마트폰 구매 시 중요한

잉크케이스 플러스는 전자잉크 액정을 케이스에 끼워서 사용한다.

요건 중 하나이다. 모든 소비자가 만족할 정도로 오랫동안 사용할 수 있는 배터리가 개발되는 것은 아직은 요원한 일인 것만 같다.

스마트폰에서 전력소모가 가장 높은 부분은 디스플레이다. 일반적으로 전체 배터리 소모량에서 약 50% 이상을 차지하는데 액정 크기가 클수록, 고화질일수록 배터리 소모량도 함께 높아진다. 스마트 주변기기를 전문으로 만들어 온 작은 기업 오아시스OAXIS의 젊은이들은 여기에 주목했다. 그들이 발견한 것은 스마트폰으로 전화를 걸 때, 시각이나 메시지를 확인할 때, 지도를 볼 때, 혹은 전자책을 볼 때에는 고화질일 필요도, 심지어

컬러일 필요도 없다는 점이었다. 그러면 단순하게 정보만 표시할 수 있으면서 배터리 소모량이 적은 디스플레이는 무엇이 있을까? 이러한 고민을 해결해줄 만한 훌륭한 기술이 세상에 나와 있었다. 바로 '전자잉크' 또는 'e잉크'라고 불리는 기술이다.

전자잉크는 수많은 초소형 캡슐들로 만들어진 잉크다. 캡슐 하나하나에 염료와 칩이 담겨 있어서, 여기에 전자기를 가해 화면에 글씨나 그림을 나타낸다. 이 전자잉크는 일단 화면에 표시한 뒤에는, 표시된 내용을 바꾸기 전까지 전력이 전혀 소모되지 않는다. 또 빛을 내보내서 표현하는 것이 아니므로 밝은 곳에서도 가독성이 매우 우수하고 오래 보고 있어도 눈의 피로가 적다. 이런 장점들 덕분에 전자책 리더기에 주로 사용되고 있었다. 오아시스 팀은 이 전자잉크를 이용해서 잉크케이스 플러스InkCase Plus를 개발했다. 잉크케이스 플러스는 스마트폰의 디스플레이를 전자잉크 디스플레이로 대체해서 보여주는 스마트폰

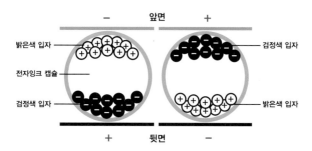

전자잉크액정 단면도. 검정색 입자와 밝은색 입자로 구성되어 있는 캡슐에 전기를 자극하여 (+) 자극을 주면 해당면으로 검정색 입자가 위로 올라오도록 하여 입자에 색을 채워 화면을 표현한다.

케이스이다.

사용법은 간단하다. 잉크케이스 플러스를 스마트폰과 블루투스로 연동시키고 전용 케이스에 장착하면 끝이다. 스마트폰 화면을 켜지 않고도 메시지 수신, 전화 받기, 음악 재생 등 스마트폰의 기능을 사용할 수 있다.

생활 방수 기능이 있어 화면이 약간 젖어도 괜찮으며, 직사광선 아래서도 글자가 잘 보이기 때문에 스마트폰은 가방에 넣고 잉크케이스만 꺼내서 사용하는 등 아웃도어 활동용으로 이용하기 좋다고 한다. 이 외에도 지도 보기나 뉴스, 또는 전자책 읽기, SNS메시지 받기 등 한 화면을 유지해야 하는 정보를 보는 경우에 아주 효율적이다. 이 프로젝트는 2014년 8월, 목표로 했던 10만 달러의 두 배인 20만 달러 유치라는 놀랄 만한 성과를 올린다.

화면을 직접 터치할 수 없고 버튼으로 조작해야 하며, 스마트폰의 화면을 있는 그대로 보여주진 못한다는 단점이 있지만 그럼에도 잉크케이스 플러스를 잘 활용하기만 하면 획기적으로 배터리 소모량을 줄일 수 있을 것이다. 컬러 화면이 필

5부 발상의 전환을 불러온 콘텐츠 **135**

요한 경우가 아닐 때 굳이 스마트폰 화면을 켜지 않아도 되니, 블루투스 구동에 드는 아주 작은 전력을 더하더라도 스마트폰 자체의 배터리 소모는 크게 줄어든다.

잉크케이스를 만들어낸 오아시스OAXIS 팀은 따분한 전자기기의 세계에 작은 아이디어로 변화를 주어 사막의 오아시스처럼 혁신적인 혁신을 가져올 것이라고 포부를 밝힌다. 배터리 방전에 지친 사용자들에겐 그야말로 오아시스 같은 프로젝트였을 것이다.

http://youtu.be/p5VknsBApTk

http://www.oaxis.com

04

펜 하나에서 출발한
장난 아닌 도전!

자석펜
폴라펜 Polar Pen

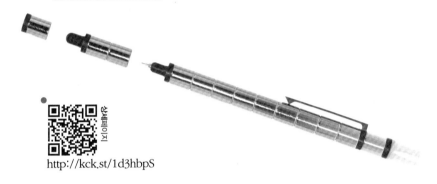

KICKSTARTER

$817,164
후원자 14,253명

자석 덩어리로 펜을 만든다면 어떨까? 뭐 그런다고 특별한 게 있을까? 한 사람이 그것을 만들었다. 구성품은 짧은 원통 모양의 네오디뮴자석 여러 개와 고무 재질의 캡, 펜 심, 스타일러스, 클립 등이 전부다. 이 프로젝트는 만 4천 달러를 목표로 시작하여 80만 달러 유치에 성공했다.

폴라펜은 네오디뮴 자석으로 만든 총 12개의 자석 덩어리와

폴라펜 구성품

여러 개의 부속물로 구성되어 있으며 각 부품을 떼었다 붙이기가 자유로워 사용자가 원하는 모양대로 조립할 수 있다. 모든 부품을 펜심에 끼워 펜을 만들 수 있을 뿐만 아니라, 펜심을 빼고 고무촉을 끼워 스마트기기용 터치펜으로도 만들 수 있고, 자석 덩어리를 이용하여 명함을 거치할 수 있는 카드홀더 등으로 만들 수 있다. 내킨다면 쇠구슬을 이용해 장식품으로 만들어 세워둘 수도 있다. 소형 모터까지도

재미있는 발상이긴 하지만 눈이 번쩍 뜨일 만한 80만 달러짜리 발명이라기엔 부족하다. 사실 단점도 있다. 보통 펜보다 무거워 오래 쓰기에는 힘들고, 자석이기 때문에 전자기기에 좋지 않은 영향을 미칠 수도 있다.

킥스타터의 소개 페이지에서는 사용해 본 결과 큰 지장은 없었지만 그래도 자기장에 민감한 기기로부터는 떨어뜨려 놓을 것을 권장하고 있다. 어떤 면에서는 불편하기까지 하다. 그런데 어째서 그렇게 성공할 수 있었던 걸까? 그것은 펜에 대한 고정관념에서 벗어나 자유롭게 가지고 놀면서 장난칠 수 있기 때문이 아닐까?

앤드류 가드너

폴라펜의 개발자는 INDIEDESIGN^{http://www.indiedesign.ca}이라는 캐나다의 작은 디자인 회사를 운영하고 있는 앤드류 가드너^{Andrew Gardner}이다. 폴라펜의 아이디어는 그의 어린 시절로부터 시작되었다. 소년 시절 앤드류는 자기가 가진 펜들을 분해해 보기를 즐겨, 선생님들과 친구들로부터 펜 정비공이라고 불렸다. 호기심이 많았던 그는 물리학 시간에 알게 된 자석의 성질을 통해 자석을 실생활에 이용해 보면 좋겠다는 생각도 품게 된다.

폴라펜을 카드 홀더로 이용한 경우

성장한 후 디자이너 겸 개발자가 된 그는 제품 디자인에 자석을 접목시킨 여러 상품을 만들어 보았다. 여러 가지 만들었던 상품 중 하나가 바로 폴라펜이었다. 장난기 많았던 한 소년의 손장난이 폴라펜을 탄생시킨 것이다. 학창시절, 항시 손에 쥐고 있어야만 했던 필기구를 가지고 장난을 쳐 봤던 아이가 어디 가드녀뿐이었을까? 폴라펜의 놀라운 성공 비결은 어른이 되어서도 어린 시절의 순수한 추억과 꿈을 잃지 않고 재해석하여 되살려냈던 아이디어에 있었던 것이 아닐까?

http://youtu.be/tcjOZW7Vxbg

http://www.indiedesign.ca

05

두 배 더 빠르게, 두 배 더 멀리

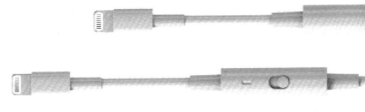

http://kck.st/1nmHWNE

KICKSTARTER

$98,376

후원자 3,270명

2014년 4월, 한국 기업 벤치소프트[BENCHSOFT]가 킥스타터에 프로젝트를 등록하였다. '더블타임 USB 충전 케이블[DoubbleTime USB Charge Cable]'이란 제목으로 올라온 이 프로젝트는 2만 달러를 목표로 시작되어 3일 만에 목표를 달성하고, 프로젝트가 진행된 한 달 동안 약 10만 달러의 유치에 성공했다. 이 제품은 이름이 말해주듯 고속 충전용 USB 케이블이다.

개발자인 벤치소프트의 이동훈 대표는 많은 사람들이 스마트폰을 충전할 때 전용 충전기를 이용하기보다는 USB 케이블로 PC나 노트북에 연결해서 충전한다는 사실을 깨닫고 나서 제품을 구상하기 시작했다고 한다.

일반적인 USB케이블을 통해 스마트 기기를 PC나 노트북 등에 연결해 충전하면 직접 콘센트에 꽂아 충전할 때보다 더 오랜 시간이 걸리기 마련이다. 전력 소모가 많은 태블릿의 경우에는 기기에서 사용하는 전력량과 충전되는 전력량이 비슷해서 아예 충전이 되지 않기도 한다. 이렇게 전용 충전기에 비해 USB케이블을 통한 충전이 느린 이유는 기기 간 통신과 동기화를 위해 따로 빠지는 대기 전력 때문이다. 이 점을 알고 있는 일부 사용자들은 USB케이블를 개조해서 고속충전 케이블을 만들어 사용하기도 한다. 그러나 이 방법은 잘못하면 기기의 데

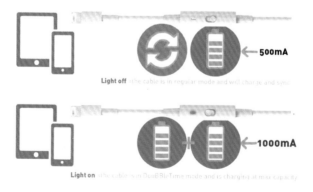

Light off the cable is in regular mode and will charge and sync   ← 500mA

Light on the cable is in DouBBleTime mode and is charging at max capacity   ← 1000mA

이터를 손상시키거나 기기 자체의 고장을 유발할 수도 있어 매우 위험하다고 한다.

더블타임 케이블은 이 점에 착안하여 개발된 제품이다. 사용자는 케이블에 있는 버튼을 통해 두 가지 모드를 선택할 수 있다. SDP(데이터전송)모드에서는 데이터 통신이 가능한 보통 USB케이블처럼 사용할 수 있고, DCP(고속충전)모드로 바꾸면 데이터 통신은 불가능하지만 빠른 충전이 가능해진다. 기존의 케이블로 충전할 때의 전력량이 500mA라면, 더블타임 케이블의 충전 전용 모드에서는 전력량이 1000mA부터 최대 2000mA에 달한다. PC에 연결해 놓아도 충전기에 버금가는 속도로 충전이 된다는 뜻이다.

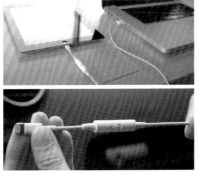

벤치소프트는 2013년 가을, 이미 안드로이드 계열과 호환되는 고속충전 케이블을 제작하여 국내에서 10만 개 이상 판매한 경험이 있다. 벤치소프트는 여기에 머무르지 않고 기존 제품의 디자인을 개량하고 애플 기기와 호환되는 버전의 제품을 추가, 6개월 간의 준비 끝에 미국 현지 법인인 더블타임팀DoubbleTimeTeam과 세일즈

파트너를 맺고 킥스타터에 등록한 것이 큰 성공을 이룬 것이다.

　더블타임 케이블의 성공은 소비자들의 패턴을 잘 분석하고 소비자들이 필요로 하는 부분에 집중한 끝에 이뤄낸 결과라고 볼 수 있다. 새로운 아이디어는 멀리 있는 것이 아니다. 우리 일상생활에 숨겨져 있다. 아주 사소한 것에서부터 숨겨진 아이디어를 발견하고 사람들의 필요를 공략한다면, 성공은 자연스럽게 따라온다는 것을 보여주는 프로젝트가 아닐까.

http://youtu.be/EBWQAClwjfc

http://bench-soft.com

원초적인 에너지를 모으자!

06

움직임으로 충전하는 보조 배터리
앰피 AMPY

상세페이지

http://kck.st/1vSsFay

KICKSTARTER

$309,323

후원자 2,573명

스마트폰, 태블릿, 웨어러블 기기^{Wearable device}등 모바일 기기를 많이 사용하고 있는 요즘, 풍족한 배터리 용량에 대한 갈망은 어느 때보다 커지고 있다.

2014년, 이러한 요구에 따라 개발된 보조배터리 앰피^{AMPY} 프로젝트가 10만 달러를 목표로 시작되었다. 그리고 4일 만에 목표를 달성하고 2014년 10월, 최종적으로 30만 달러를 모으는 쾌거를 달성했다. 흔히 볼 수 있는 보조배터리임에도 인기를 끈 이유는 팔목이나 발목, 허벅지 등에 착용한 채로 움직이면 운동 에너지를 전기로 바꿔 스스로 충전된다는 점 때문이었다.

앰피의 원리는 유도자석을 이용하여, 흔들릴 때 발생하는 유도전류를 리튬배터리에 충전하는 것이다. 이 원리는 그동안 많은 연구가 되어 왔지만 크기와 효율 면에서 많이 떨어져 상용화하기엔 어려움이 있어 왔다고 한다. 그러나 수백 시간의 성능 시험, 수많은 사용자들과의 소통, 수백 개의 모델을 만드는 등의 노력 끝에 앰피는 만보기보다 조금 더 큰 정도의 '생활형' 크기로 완성되었고, 킥스타터를 통해 세상에 나왔다. 앰피는 1,000mA 크기의 충전 용량을 가지고 있으며 1만보 걷기나 30분 달리기, 또는 1시간 사이클링을 통해 스마트폰 3시간, 스마트시계 24시간, 피트니스밴드는 72시간까지 이용할 수 있는 용량으로 충전이 가능하다.

피트니스 기능도 제공한다. 크기가 작기 때문에 제품에 포함되어 있는 밴드를 이용하여 팔이나 발목에 차거나 뒷주머니에

앰피 구조

넣고 다닐 수도 있다. 착용한 순간부터 앰피는 모든 움직임을 전력으로 바꾸어 준다. 뿐만 아니라 스마트폰과 연결하여 운동량, 소모한 칼로리 등의 피트니스 정보도 체크할 수 있다. 앰피를 사용하다 보면

앰피 앱

보조배터리라는 생각은 들지 않고, 마치 '앰피를 이용하여 운동을 하면 충전 기능은 보너스다.'라고 말하는 것 같다고 한다.

앰피의 개발자는 세 명의 20대 청년이다. 테자스 샤스트리 Tejas Shastry, 알렉스 스미스 Alex Smith, 마이크 가이어 Mike Geier 세 사람은 노스웨스턴대학 공학박사과정의 학생들이었다. 이들은 기업가정신 수업에서 서로 만나 아이디어를 모았는데 일상생활에서 나오는 운동에너지를 모아 스마트폰을 충전해보는 건 어떨까? 하는 의견이 이들 사업의 출발이 되었던 것이다. 공학도들답게 이들은 꿈을 이뤄줄 적합한 기술을 직접 개발하는 데 성공했으며 곧바로 마이파워 myPowr 라는 이름의 시제품을 개발했다. 이것으로 여러 벤처 콘테스트에서 받은 상금을 이용해서 좀

더 개량하여 내놓은 물건이 바로 앰피다.

세 사람은 프로젝트 페이지에서 앰피를 뒷받침하는 정신에 대해 이야기한다. 콘센트로부터 얻는 전기가 아닌, 당신이 만들어낸 자연스러운 에너지로 당신의 기기를 충전하라는 것이 바로 그 정신이다. 그들은 인간이 지닌 힘을 신뢰한다고 말한다. 이런 정신을 널리 알리는 의미로 이들은 목표 금액을 달성하자마자 시카고 마라톤 대회에 앰피를 착용하고 달리는 이벤트를 펼쳤다. 참가자들은 마라톤 내내 8,000칼로리를 소모하여 40시간 동안 스마트폰을 충전할 수 있는 전력을 만들어냈다고 한다.

기계를 통해 인간의 생활을 더 편리하게 만들려는 노력은 역사적으로 계속 이어져왔다. 그리고 그와 비슷한 정도로 기계가 사람을 점점 더 게으르게 만든다는 생각 역시 계속되었다. 온갖 신기술이 투입된 제품들이 시시각각 쏟아져 나오는 지금 이 시점에, '인간의 힘을 신뢰하는' 앰피는 우리가 어떻게 기술을 바라볼 것인지에 대한 힌트를 던져주고 있는 게 아닐까?

http://youtu.be/vis3IxkkuPM

http://www.getampy.com

디지털 종이에 정보 담기

스마트명함
스위블카드 SwivelCard

상세페이지

http://kck.st/V220Jr

KICKSTARTER

$115,647
후원자 964명

스위블카드^{SwivelCard} 프로젝트는 2014년 9월, 목표 금액이었던 만 달러를 열 배 이상 넘은 11만 달러 유치에 성공한 이른바 '스마트 명함'이다. 어떻기에 스마트 명함이라고 하는 걸까? 기껏해야 QR코드가 인쇄된 걸까? 명함이라고 하면 그저 작은 종이조각일 뿐이고, 스마트한 뭔가가 들어갈 구석은 없을 것만 같다.

스위블카드의 실제 재질은 종이다. 두꺼운 판지이긴 하지만 틀림없는 종이다. 이 명함에 숨겨진 기능은 바로 USB포트에 꽂을 수 있다는 것이다. 하지만 보통 저장매체처럼 쓸 수 있는 건 아니며, 지정된 웹사이트에 연결하는 것까지만 가능하다.

스위블카드를 구매한 사람에게는 개인별로 고유한 ID가 할당되는데 명함을 사용하기 전, 먼저 관리자 홈페이지에 접속해 해당 아이디에 대한 명함에 이용할 웹사이트 주소나 여러 가지 개인 정보를 기록해 놓아야 한다.

명함을 받은 사람이 접지선을 따라 명함을 접어 USB포트에 끼우면 미리 지정된 웹사이트로 연결된다. 이 웹사이트를 통해 명함 주인의 정보를 볼 수 있고, 사진, 동영상, 문서 파일 등을 주고받으며 실시간으로 소통할 수도 있다. USB포트가 없더라도 뒷면에 인쇄되어 있는 QR코드를 이용하여 해당 웹사이트 접속도 가능하다.

명함 관리자는 언제든지 관리자 홈페이지에 접속해서 명함 사용자들이 어디서 어떻게 사용되는지 통계를 보거나 개인 정

스위블카드 접는 방법

보를 수정할 수 있기 때문에 상대방과 꾸준히 소통할 수 있다는 것이 스위블카드의 가장 큰 이점이다.

종이에 이렇게 USB 연결 기능을 넣을 수 있는 것은 스위블카드 프로젝트의 모회사인 인텔리페이퍼intelliPaper의 기술이다. 인텔리페이퍼는 종이에 칩을 심는 기술을 바탕으로 제품을 만들어 왔다. 종이를 가지고 그 위에 인쇄된 정보뿐 아니라 디지털정보까지도 다룰 수 있도록 하는 것이 이들의 목표다. 디지털기기에 밀려 종이라는 매체가 사라질 것이란 전망에 대해 발상의 전환을 꾀한 것이다. 가히 종이에 대한 새로운 접근 방식이라고 할 만하다.

http://youtu.be/8Sk7GdEaZR4

https://www.swivelcard.info

08

동심을 현실로 만드는
종이비행기

종이비행기 조종킷
파워업3.0 PowerUp 3.0

상세페이지

http://kck.st/IfPkIA

KICKSTARTER

$1,232,612
후원자 21,412명

누구나 한번쯤 날려 본 종이비행기, 종이비행기를 날리면서

보다 오래 날릴 수 없을까? 더 나아가 종이비행기를 조종할 순

없을까? 하는 상상도 함께 해보았을 것이다.

　이러한 사소한 아쉬움을 시원하게 풀어줄 물건이 킥스타터

를 통해 세상에 나왔다. 아담하고 간소한 이것의 이름은 파워업

3.0^{PowerUp 3.0}이다. 5만 달러를 목표로 시작된 이 프로젝트에 사

람들은 폭발적인 성원을 보냈다. 2014년 1월 프로젝트가 종료
되기까지 약 2만 명이 120만 달러를 지원했다. 한화로는 약 12
억 원이라는 엄청난 액수이다.

언뜻 보면 기존에 흔히 볼 수 있는 고가의 무선 조종 비행기
로 보이지만 실은 매우 개성이 넘치는 물건이다. 파워업3.0은
무선 조종 비행기처럼 이미 만들어진 비행기가 아니라 사용자
가 접어서 만든 종이비행기에 장착하여 오래 날 수 있도록 돕
는 장치이다. USB 포트를 통해 충전하여 종이비행기를 10분
동안 날 수 있도록 해준다. 언제든지 새로운 종이비행기를 접
어서 내 마음대로 날릴 수 있는 것이 파워업3.0만이 가지고 있
는 특징이다.

파워업3.0은 매우 작지만 조종 기능도 갖고 있다. 스마트폰
과 블루투스로 연동되어, 내 스마트폰으로 내가 만든 종이비행
기를 마음대로 조종할 수 있다. 전용 앱을 이용해 프로펠러 속

도나 방향타를 조절하는 것은 물론, 종이비행기와의 거리와 잔여 배터리 정보 등을 알아볼 수 있다.

개발자인 샤이 고튼^{Shai Goitein}은 비행사 25년, 산업디자이너 10년이라는 독특한 이력을 가지고 있는 테일러토이즈^{TailorToys}의 CEO다. 파워업3.0의 아이디어는 2008년, 소외 계층 아이들에게 항공역학을 가르쳐 주는 자원봉사를 하던 도중에 얻었다고 한다. 아이들에게 가르쳐 주기 위해 자신도 실내용 초소형 비행기에 대해 공부했고, 그 과정에서 아이디어를 얻었다는 것이다. 최초의 모델인 파워업1.0과 이를 개량한 파워업2.0을 만들면서 많은 시행착오를 거쳤고, 개선점을 연구한 후 2013년에서야 독일의 장난감 회사인 토비리치^{TobyRich}의 협력을 얻어 블루투스 기능으로 무선 조종이 가능한 파워업3.0을 만들어냈다. 이렇게 개발한 파워업3.0은 2013년 뉴욕 장난감 박람회에서 가장 인기 있는 과학 상을 수상하였을 뿐만 아니라 킥스타터에서의 대성공으로까지 이어졌다.

구구절절 설명할 필요없이 킥스타터 페이지에서 파워업3.0

을 장착한 종이비행기가 자유자재로 날아다니는 동영상을 보면 동심에 빠져 누구든지 이 상품을 가지고 싶은 욕구에 빠지게 될 것이다.

파워업3.0에 재미 외에 다른 목적은 없다. 아주 대단하고 거창한 생각이 아니더라도, 사소하고 소박한 꿈이라도 그것에 동감하는 사람들만 있다면 크게 이룰 수 있다는 것을 킥스타터는 보여 준다.

동영상 보기

파워업토이스 홈

http://youtu.be/d9xcbr4qvjY

http://www.poweruptoys.com

09

내가 나를 코치하고 힐링하자!

웨어러블 걸음걸이 코치
아키 Arki

상세페이지

http://kck.st/1u487vG

KICKSTARTER

$164,262
후원자 822명

　웨어러블 기기 시장에서 우리나라는 아직 걸음마 단계에 있다고 할 수 있다. 우리나라에서는 대중적인 인지도가 높지 않지만, 세계적으로는 여러 신제품들이 쏟아져 나오고 있는 중이다. 대기업들이 아직 장악하지 못한 분야이면서도 무궁무진한 가능성이 있는 만큼 세계적인 경쟁도 치열한 와중에, 웨어러블 기기 프로젝트로 기적 같은 성공을 거둔 한국 기업 직토가 있다.

직토 창업자, 서한석, 김경태, 김성현

직토^{ZIKTO}는 LG에서 선행기술 연구를 했던 김경태 CEO, 미국에서 금융전문가로 활동했던 서한석 CFO^{최고재무책임자}, 카이스트를 졸업하고 SK텔레콤 헬스케어 및 보안 분야에서 근무했던 김성현 CTO^{최고기술책임자}, 세 사람이 의기투합하여 만든 팀이다. 세 사람은 각자의 쟁쟁한 직장을 그만두고 대기업들의 제의도 뿌리치면서 험난한 여정에 나섰다. 이들이 서로의 퇴직금을 모아 새롭게 도전한 이유는 이대로 이 자리에 머무를 수 없다는 생각과, 대기업에서 하지 못하는 일도 충분히 해낼 수 있다는 자신감이 있었기 때문이었다.

시중엔 이미 팔찌형 웨어러블 기기가 나와 있다. 대표적인 것이 핏빗^{FitBit}이다. 차고 있으면 운동량과 칼로리 등을 계산해 주는 운동 보조 성격의 제품이다. 직토 팀은 지금까지의 팔찌형 웨어러블 기기는 블루투스 기능을 갖춘 만보기에 불과한 수준이며, 의미 있는 제품이 되려면 거기서 더 나아가 기기에서 수

집한 생체정보를 통해 사람들이 관심을 가질 만한 분석을 도출해 내야 한다고 생각했다. 그래서 개발한 제품이 아키이다. 아키Arki는 팔이 움직이는 각도와 거리, 가속도 등을 1분에 7,200개의 데이터로 수집하고 분석하여 좌우 어깨의 불균형, 골반의 뒤틀림 정도를 측정해준다. 바르지 않은 자세로 걸으면 진동으로 알려줘 바른 걸음걸이 교정을 돕는 것이 주된 기능이다. 여기에 더해 사람마다 걷는 방식이 모두 다른 데에서 착안한 생체인증 기능, 전화와 문자 메시지를 알려주는 기능 등이 추가된다고 한다. 물론 기본적인 걸음 수와 칼로리 소모량도 체크할 수 있다.

또한 패션 아이템으로도 사용자가 만족할 수 있도록 만들기 위해 디자인에도 세밀한 노력을 기울였다. 영국 노섬브리아 대학에서 산업디자인을 전공한 이종윤을 디자이너로 영입해 심플하면서도 세련된 감성적인 디자인도 담은 것이다.

아키 프로젝트는 10만 달러를 목표로 시작하여 2014년 12월에 16만 달러로 성공을 거뒀다. 한국 팀의 IT분야 프로젝트로

서는 가장 큰 성공이었다. 직토 팀은 이것은 우연이나 행운의 산물이 아니라, 처음부터 킥스타터를 통한 미국 진출을 목표로 잡고 1년 동안 치밀한 사전준비 끝에 일궈낸 결과라고 말한다.

먼저 제휴를 맺은 병원의 임상실험 센터와 피트니스 센터 고객을 대상으로 시장조사를 거치면서 많은 사람들이 본인의 체형과 걸음걸이의 균형에 관심을 갖고 있다는 사실을 알게 되었고, 이를 채워줄 만한 제품이 시중에 없다는 점을 주목하였다. 이렇게 개발 방향을 잡고 준비 끝에 국내외에 6개의 관련 특허까지 출원하였다. 그 과정에서 다른 외부투자 없이 창업자들의 퇴직금과 창업진흥원의 지원금만을 토대로 진행되었다. 하드웨어 기기의 창업은 다른 산업과 다르게 비용이 많이 들기 때문에 일반적으로 외부 투자를 받고 시작하는 것에 비교한다면 이례적인 일이라고 할 수 있었다.

그리고 2014년 11월, 드디어 그들의 노력의 산물을 킥스타터

아키 밴드 관련 액세서리

를 통해 선보였으며 성공적으로 실력을 인정받았다. 직토 팀의 프로젝트는 안정적인 환경에 안주하지 않고 새롭게 도전하려는 정신, 그리고 이를 뒷받침하는 확실한 실력과 시류를 읽는 감각, 그리고 열정이 있다면 도전은 성공하기 마련임을 일깨워준다.

http://youtu.be/tg111_cyowo

http://www.zikto.com

보이지 않는 아이디어,
철학이 있는 아이디어

상세페이지

http://kck.st/M2Pwft

KICKSTARTER
$384,319
후원자 9,805명

모든 것은 애플 맥북^{Macbook}노트북을 사용하던 두 영국 청년의 불만에서 시작되었다. 피어스 리드야드^{Piers Ridyard}는 본래 3D 홀로그램을 개발하는 회사에 몸담고 있었다. 그가 업무 차 중국 상하이에 갔을 때 스티브 레이^{Steve Ray}를 만났고, 협업 과정에서 한가지 불만을 공유하게 되었다.

맥북은 하드웨어 업그레이드가 사실상 어려워 처음 구매할 때부터 고사양으로 장만한다고들 한다. 다른 성능은 그렇다 쳐도, 사용 중에 저장 공간이 부족하면 어떻게 할까? 외장하드를 이용하면 해결할 수 있지만 피어스와 스티브는 이 방법에 만족할 수가 없었다. 외장하드는 한마디로 거추장스럽고 언제 어디서나 사용하기에 불편하기 때문이다. 필요할 때마다 주섬주섬 가방에서 꺼내어 케이블을 연결하는 그림은 두 청년이 원한 것이 아니었다.

그렇다면 작고 휴대하기 편한 SD 메모리 카드는? 맥북에 SD 메모리 카드를 꽂으면 카드의 끝 부분이 1cm정도 튀어나온다. 두 청년은 바로 이 점 때문에 만족할 수가 없었다. 툭 튀어나온 부분이 있으면 계속 꽂고 다니기 불편함은 말할 것도 없고, 가방에 넣고 빼다가 걸리거나 빠지기도 한다는 이유였다. 그리고 결정적으로 보기에 좋지가 않았다.

둘은 손톱만 한 크기의 마이크로 SD 메모리 카드에 주목했

기존 SD 메모리 카드를 이용한 경우

니프티 미니드라이브를 이용한 경우

다. 마이크로 SD 메모리 카드는 엄지 손톱 정도 크기의 저장매체로, 주로 스마트폰에 사용된다. 마이크로 SD 메모리 카드는 이미 SD 메모리 카드 규격의 어댑터를 통해 맥북에 장착할 수 있었다. 그들은 바로 그 어댑터를 손보기로 한 것이다. 기존의 어댑터는 마이크로 SD 메모리 카드가 세로로 결합되는데 그들이 개발한 니프티 미니드라이브Nifty MiniDrive는 이 결합 방식을 가로로 바꾸고 어댑터의 길이를 짧게 만들었다. 그 결과 니프티 미니드라이브를 맥북에 장착하면 마치 처음부터 맥북의 일부였던 것처럼 보인다. 계속 장착하고 있어도 전혀 위화감이 없기에 그대로 추가 저장공간으로 쓸 수도 있고 외장드라이브에서만 작동되는 맥북의 백업 시스템인 '타임머신' 기능도 호환되기 때문에 든든한 백업디스크로 사용할 수도 있다.

피어스와 스티브는 그제야 만족했다. 그들은 3D프린터로 최초 모델을 만들어 디자인을 결정하고, 회로를 점검하고, 조립

니프티 미니드라이브에 마이크로 SD 메모리 카드를 결합해서 사용한다.

니프티 미니드라이브 제거용 툴

한 뒤 강도를 실험했다. 맥북에 장착하면 딱 맞는 미니드라이브를 빼내기 위한 전용 툴도 고안했다. 2012년 8월, 만 천 달러를 목표로 시작된 니프티 미니드라이브 프로젝트는 38만 달러라는 엄청난 결과를 만들어냈다.

별것 아닌 것 같은 작은 아이디어가 킥스타터를 통해 널리 알려지고 성공을 거두었다. '보이지 않게 디자인하기'라는 발상의 전환이 불러온 성공이었다. 피어스와 스티브는 현재에 안주하지 않고 앞으로 더 심플하고 우아한 그들만의 해결법을 찾아내겠다고 말한다.

http://youtu.be/_97VWuTcXe4

11

보다 크고, 보다 편안한 영화관 만들기

**차세대 HMD
글리프 Glyph**

http://kck.st/1edrdTH

KICKSTARTER

$1,509,506

후원자 3,331명

글리프^{Glyph}는 '개인용 모바일 영화관^{Mobile personal theater}'이라는
타이틀 아래 출발한 프로젝트다. 25만 달러를 목표로 시작된 글
리프 프로젝트는 단 4시간 만에 목표를 달성하고 최종적으로는
3천여 명으로부터 약 150만 달러를 지원 받았다. 이 성공 덕분
에 글리프는 잇따라 출시되고 있는 HMD^{Head Mounted Disply,머리에 쓰는}
^{영상재생 장치}들 가운데서 큰 주목을 받고 있다.

글리프에는 'VRD Virtual Retinal Display, 가상 망막 디스플레이' 기술이 적용되어 있다. 이는 영상을 스크린이 아니라 인간의 망막에 직접 투사하는 기술이다. VRD는 다른 렌즈 방식의 디스플레이보다 더 작고 가볍게 만들 수 있고, 거의 인간의 시각에 근접하는 해상도를 제공한다. 아주 작은 영상을 망막에 직접 투사하는 것이기 때문에 전력 소모가 적을 뿐더러 눈의 부담도 덜해 오래 쓰고 있어도 어지럽거나 현기증이 나지 않는다. 글리프는 200만 개의 마이크로 미러를 이용, 얇은 두께로도 생생하고 선명한 화면을 사용자의 눈에 보여줄 수 있다고 한다. 양 눈의 시력과 간격에 따라 맞춤 조절도 가능하다. 여기에 더해 매우 높은 음질의 재생 능력을 갖추고 있으며 헤드폰 형태를 가지고 있어서 소음 차단도 가능하다. 글리프를 쓰는 순간 어디에 있든지 나만의 영화관에 들어간다는 것이다. 불편한 영화관 의자가 아닌, 혼자서 침대에 누운 채로 말이다.

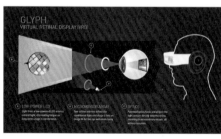

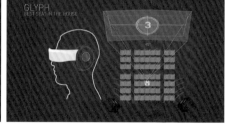

　재밌게도 비디오를 보지 않을 때에는 디스플레이를 머리 위로 들어 올릴 수 있다. 이 상태에서는 조금 큰 헤드폰으로 밖에 보이지 않고, 물론 헤드폰으로만 사용할 수도 있다. 다른 HMD가 크고 거추장스럽고 영화 속에서 막 튀어나온 것처럼 생긴 탓에 쓰고 있으면 구경거리 되기 딱 좋은 반면 글리프는 일반적인 헤드폰처럼 디자인된 덕에 외출할 때 목에 걸치고 나가는 데 큰 용기를 내지 않아도 된다.

　제작사인 에비건트Avegant의 CEO인 에드워드 탕Edward Tang은 특히 이 점을 강조했다. 그는 기업이 웨어러블 기기에 대해 이야기할 때 기술에만 초점을 맞추고 실제로 사람들이 얼마나 '입고' 싶어하는지에 대해서는 관심이 없다고 지적했다. 때문에 글리프 제작 과정에서 기술이 입증된

뒤부터는 디자인에 심혈을 기울였다. 이전에 없던 새로운 물건이면서도, 자연스럽게 생활 속에 녹아들 수 있어야 한다는 철학이 있었던 것이다. 이 철학은 글리프의 범용성에서도 드러난다. 글리프는 모든 형식의 오디오나 비디오 파일을 그대로 재생시킬 수 있기 때문에 파일 형식을 변환하는 번거로운 과정 없이 바로 사용할 수 있기 때문에 사용자가 보다 편리하게 이용할 수 있게 하였다.

글리프의 앞날이 어떻게 될지는 알 수 없지만 이 성공에서 배울 점은 명확하다. 새로운 기술의 출현이 새로운 제품으로 이어지기 위해서는 많은 사람들의 시행착오가 있기 마련이며, 그 가운데서 성공하기 위해서는 사람들의 관심사와 요구가 무엇인지를 정확하게 파악하는 일이 매우 중요하다는 점이다. 촉각을 곤두세우고, 실행할 능력을 기르고, 적기에 행동으로 옮기는 것, 성공 프로젝트의 비결이다.

http://youtu.be/Mqpiiajav14

http://avegant.com

6. 깃스타터 프로젝트 성공기

킥스타터 도전 준비!

킥스타터나 인디고고에 프로젝트를 등록하려면 사전 준비를 철저히 해야 한다. 모두 미국에서 운영하는 사이트이다 보니 한국 사용자는 프로젝트를 등록하기가 쉽지 않다. 인디고고는 국적에 상관없이 자유롭게 프로젝트를 등록할 수 있지만 킥스타터의 경우 미국 또는 킥스타터에서 자격을 인정하는 국가의 시민권이나 현지 법인이 필요하다는 것을 꼭 알아두자. 그럼 이제 프로젝트를 등록하기에 앞서 준비해야 할 사항은 무엇인지 알아보도록 하자. 직접 킥스타터에 도전했던 사람들의 자세한 경험담은 다음 섹션에 소개되어 있는 〈킥스타터 성공기〉를 참고하자.

상품 가치 점검!

프로젝트를 등록하려면 검증과 준비 등 오랜 시간과 비용 투자가 필요하기 때문에 프로젝트 자체에도 그만한 가치가 있어야 한다. 프로젝트를 진행하기 전에 아이디어의 가치를 객관적으로 평가하고 부족한 부분은 보완하는 과정을 거쳐야 한다. 먼저 사람들의 시선을 끌 만한 분명한 매력을 갖춰야 하는 것이다. SNS를 통해 아이디어를 공유해 보는 것도 좋은 방법이다. 아이디어를 공개하는 것에 겁먹지 않고 적극적으로 접근하는 자세가 필요하다.

후원자 물색!

프로젝트를 등록하면 펀딩된 금액이 높을수록 상위에 검색되어 노출 빈도가 높아지므로 초반에 펀딩 금액을 올리는 것이 무엇보다 중요하다. 그러므로 후원할 수 있는 사람을 미리 물색해두어 프로젝트 등록 초반에 바로 후원할 수 있도록 준비한다.

상품 소개 자료 개발!

킥스타터나 인디고고는 프로젝트 소개 동영상이 매우 중요한 역할을 한다. 저급의 동영상은 오히려 안 좋은 영향을 끼치므로 TV CF 정도의 수준은 아니더라도 그에 근접한 완성도 높은 동영상을 제작하도록 한다. 외국의 사용자들을 대상으로 하므로 영상 제작 시 배우 및 배경, 언어 등도 주의 깊게 고려해야 한다. 그리고 상품을 소개하면서 간단히 시연할 수 있는 시제품도 필요하다. 완제품은 프로젝트 성공 후에 제작해도 된다.

영어 능통!

프로젝트를 진행하기 위해서는 필요한 상품 소개 자료 및 계획서 등 다양한 자료들이 필요하다. 전 세계를 대상으로 하므로 당연히 영어로 작성되어야 하며, 필요에 따라 담당자와 통화도 해야 한다. 그러므로 프로젝트를 진행하기 위해서는 팀 내에서 영어 의사소통 능력을 기본으로 갖춰야 한다.

02 JnK Science 조금용 대표 킥스타터 성공기

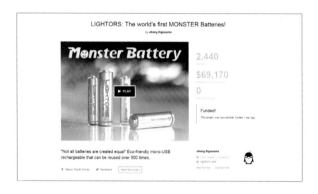

Q 킥스타터에 어떻게 관심을 갖게 되었는지?

아무래도 사업을 하다 보니 여러 방면에 관심을 갖고 새롭게 등장하는 사업 방식들을 유심히 지켜보고 있었어요. 특히 아이디어 제품은 크라우드펀딩에서 긍정적인 반응과 좋은 성과를 낼 수 있다고 파악했어요. 그 중에서 킥스타터는 훌륭한 아이디어 상품이 쏟아져 나온 유명한 플랫폼이면서 킥스타터 자체의 프로젝트 감독이 철저해서 안정적인 크라우드펀딩 업체로 정평이 나 있어요. 마침 이번에 획기적인 아이디어를 기반으로 제품을 개발하게 되어 관심을 갖고 있다가 프로젝트를 등록해 도전해 보기로 결정했습니다.

처음 진행하는 방법이다보니 충분히 준비 기간을 가지고 준비했어요. 킥스타터의 기본적인 룰이라든지 마케팅 방식, 상품 상세 페이지 제작과 동영상 제작 등을 준비하고 학습하고 분석하면서 프로젝트를 준비했어요. 개인적으로도 의미 있는 기간이었던 것 같습니다.

Q. 킥스타터를 선택한 이유는?

원래 킥스타터, 크라우드펀딩이라고 하면, '내가 어떤 아이디어를 현실화하고자 하는데 현재 자금이 부족하니 여러분이 후원해 주는 자금으로 상품화하고 상품을 나중에 보내주겠다, '라는 콘셉트예요. 그런데 실질적으로는 그것 말고도 다른 면이 있어요. 보통 킥스타터에서 이슈가 되어 성공하는 프로젝트를 잘 살펴보면, 초기 단계의 프로젝트가 아니에요. 자금뿐만 아니라 제품, 홍보, 모든 준비 단계가 마무리된 상태에서 프로젝트에 참여하는 경우도 많아요. 결국 펀딩보다는 홍보의 목적으로 킥스타터라는 채널을 이용하는 것이죠.

기업에서도 크라우드펀딩과 같은 플랫폼을 마케팅 용도로 활용하기도 한답니다. 조직 내에서 아이디어를 내서 프로토타입까지 만들었는데, 정말로 상품화할 가치가 있는 것인지 대중들의 관심을 알아보기 위해서 킥스타터에 올려 보는 거죠. 제가 봤을 때는 그런 면에서 굉장히 이점이 있다고 봐요. 프로젝트에 참여한 후원자들은 상품에 대한 구매자일 뿐 아니라, 상품에 대한 의문이든 지적이든 응원이든 온갖 이야기를 해주는 고정팬이 된다는 것이죠. 이러한 장점은 소셜 네트워크를 이용하는 크라우드펀딩만의 매력입니다. 만일 마케팅 비용을 금액으로 환산한다면 얼마나 될까요. 아마 천문학적인 금액이 들 거예요. 국내뿐만 아니라 국제적인 마케팅이니까.

Q. 몬스터 배터리를 개발하게 된 계기는?

라이토즈는 친환경 아이디어 제품을 개발 제조 및 유통하는 브랜드예요. 압전 발전, 태양광 발전, 열전 발전, 초음파 기술에 대한 특허를 가지고 있고, 보다 혁신적이고 보다 친환경적인 제품을 개발해오고 있어요.

저희가 처음 개발한 제품인 라이토즈팩은 압전 발전을 이용한 악력기예요. 이 악력기로 손 운동을 하면 내부에서 압전소자가 전기를 생산해요. 이걸 보조배터리 겸용으로 쓸 수 있는 거죠. 일반적인 보조배터리처럼도 쓸 수도 있어요. 구조 경보음 기능, 초음파를 이

라이토즈팩

용한 벌레 퇴치 기능, 손전등 기능도 있습니다.

처음 제품을 출시했을 때 독일 세빗^{CeBIT} 정보통신기술 전시회에서 상당히 반응이 좋았어요. 독일 바이어는 '압전으로 생산되는 전력이 굉장히 미미하다는 점은 이미 알고 있었다. 하지만 그것을 악력기라는 운동기구, 생활용품에 적용해 미미한 양이라도 전력화시키는 과정이 아주 기발하다.'고 극찬했습니다. 이때 호평과 더불어 준비해 간 상품을 모두 판매하는 성과를 올렸어요. 이 제품도 개량해서 크라우드펀딩에 도전할 예정입니다.

라이토즈팩을 개발하면서 배터리에 대한 기술도 축적하게 되었으며 보다 스마트한 배터리 개발에 대한 관심도 가지게 되었어요. 이때 자연스럽게 눈여겨본 것이 건전지였습니다. 몬스터 배터리는 기존의 건전지를 스마트하게 충전용으로 개발한 제품입니다. 몬스터 배터리를 개발하게 된 이유는 크게 3가지의 장점 때문입니다.

첫 번째, 환경 오염을 줄여줍니다. 일회용 건전지는 그냥 버렸을 때 환경을 아주 크게 오염시켜요. 그래서 따로 수거를 해서 처리하는데 전 세계 사용량 중에서 약 2%만 수거가 된답니다. 나머지는 그냥

몬스터 배터리

버려진다는 거죠. 각국의 정부가 어떻게든지 수거하려고 하는데 잘 안 되고 있어요. 거기서 현재 방식의 한계점을 봤어요. 충전식 건전지는 한 개로 수백 번 재사용이 가능하니 환경 오염 문제를 획기적으로 줄일 수 있는 것이죠.

두 번째는, 언제 어디서든지 충전해서 재사용할 수 있다는 것입니다. 다른 제품과 다르게 건전지는 언제 어디서든지 준비되어 있어야 한다는 것이에요. 예를 들어 아이를 키우고 있는데 건전지로 움직이는 장난감이 갑자기 멈춘다, 그러면 당장 건전지를 사러 나가야 해요. 아이를 붙잡고 이게 왜 안 되는 건가 논리적으로 설명할 수는 없잖아요. 또 건전지를 이용하는 마우스를 사용하다가 갑자기 방전되는 경우에도 당황스럽죠. 이처럼 건전지는 일상생활에서 꼭 준비하고 있어야 하는 상비물건이라는 거예요. 충전식 건전지를 이용하면 어디서든지 충전해서 빠르게 사용을 가능하게 해주니까요.

세 번째는 건전지가 차지하고 있는 시장의 규모입니다. 분명 예전에 비하면 건전지 사용이 많이 줄었지만 단체, 즉 군대나 공공기관 등에서는 아직도 많이 이용하고 있습니다. 그리고 버려지는 건전지 또한 많지요. 충전용 건전지의 재사용은 비용과 환경 파괴 문제를 줄여주는 해결책이라고 생각했습니다.

Q 아이디어는 어떻게 얻었는지?

충전용 건전지는 특별한 제품은 아니예요. 이미 오래전부터 판매되어 오고 있었으니까요. 그런데 지금 판매 중인 제품은 전용 충전기를 구매해야 할 뿐만 아니라 건전지 가격도 비싸다는 것이죠. 그래서 어디서든지 쉽게 충전하면서 가격은 저렴하게 만들 수는 없을까? 하고 고민하게 되었습니다.

정보를 찾던 중에 이러한 문제를 해결할 수 있는 상품이 이미 나와 있더라구요. USB포트를 이용해 충전하는 제품이었는데, 그 경우에는 일단 USB포트가 있어야 하고, USB포트 규격보다 작은 사이즈인 AAA형 건전지는 만들 수 없다는 점이 한계였어요.

그러다가 테이블 위에 놓고 충전 중이던 스마트폰을 보고 아이디어가 떠올랐습니다. 아! 누구나 가지고 있는 마이크로 5핀 케이블을 이용하면 어떨까? 생각이 든 거죠. 5핀 케이블은 스마트폰은 물론이고 많은 스마트 기기에서 범용적으로 이용하는 케이블이라 누구나 하나쯤은 가지고 있잖아요? 또 포트가 무척 작으니까 작은 크기의 충전지 제작도 가능하고요. 그래서 건전지 측면에 충전용 마이크로 케이블 포트를 만들면 딱 좋겠다는 생각에서 출발했습니다.

정리된 아이디어를 가지고 개발하는데 거의 1년 정도 소요

된 것 같아요. 기술적으로는 그리 복잡하지 않았지만 AAA형 건전지처럼 작은 크기에 안정적으로 회로를 장착하는 데에 어려움이 있었습니다. 현재 관련 특허도 등록해두고 상품화에 총력을 기울이고 있습니다.

AAA형 구조

그리고 무선으로 충전되는 건전지도 개발 준비하고 있어요. 삼성이나 애플이 조만간 무선 충전 시장에 본격적으로 뛰어들 예정인데, 대기업이 무선 충전 영역으로 진출하면 곧 무선 충전이 일반화되는 세상이 열릴 것이라고 예상해요. 그래서 스마트기기에서 사용하는 무선 충전기를 함께 이용하는 방식으로 개발 방향을 잡고 있습니다. 무선 충전용 건전지도 보다 편리하고 보다 나은 세상을 만드는데 일조할 것이라고 생각합니다.

Q 프로젝트를 준비하면서 겪은 어려움은?

상품 소개 동영상 제작과 디스트리뷰터 참여 유도가 어려웠고, 그만큼 신경을 썼어요. 이 두 가지는 킥스타터에서 후원자를 모집할 때 매우 중요한 역할을 해요.

먼저 동영상 제작에 대해서 말씀 드려보면, 아무리 훌륭한 제품이라도 제품의 장점을 대중들에게 잘 어필하지 못한다면 성공할 수 없어요. 상품 개발만큼 상품 소개 자료를 만드는 것

도 매우 중요합니다. 특히 킥스

타터는 상품 소개 동영상이 매

우 큰 역할을 차지하고 있기 때

문에 동영상 제작에 신경을 쓸

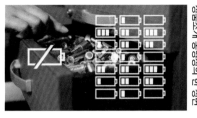

수밖에 없어요. 그래서 합리적인 비용으로 고품질의 동영상을

제작하려고 여기저기 수소문을 하다가, 다행히 창의적이고 열

정적인 팀을 찾아서 제작을 하게 되었습니다. 프로젝트를 한

번만 진행할 것이 아니라면 동영상 제작은 가급적 회사에 내

재화시키는 게 중요하다고 생각해요. 고품질로 제작하면서도

회사만의 스타일을 유지해야 하기 때문이죠. 새로운 프로젝트

를 준비하시는 분들도 이런 부분을 신경 쓰시는 것이 좋을 것

같아요.

두 번째는 디스트리뷰터 참여 유도입니다. 저희 프로젝트를

보면, 만 달러 후원에 대한 보상품이 있어요. 국내외 바이어의

유통채널 계약 등을 위한 코너예요. 즉 디스트리뷰터 distributor 라

고 부르는데, 프로젝트를 진행하면

여러 다른 업체의 접촉 제안이 많

이 들어와요. 이러한 분들의 프로

젝트 참여를 유도하는 후원 코너입

니다. 저희도 지금까지 여러 국가

Pledge $10,000

⚙ **1 backer**   Limited (9 left of 10)

[Special Founder] You'll get all Lightors
Batteries.
you get a ticket of textile business with us.
and we'll be rewarding it with special
benefits!
Do you want more information, send an
e-mail to us. Help us become the next Apple!

Estimated delivery: Jul 2015
Ships anywhere in the world

의 디스트리뷰터들과 접촉했습니다. 킥스타터 프로젝트를 진행하면서 이러한 디스트리뷰터의 참여를 유도하는 일이 매우 중요해요. 일반인을 대상으로 한 소량 판매보다 디스트리뷰터를 통한 대량 유통이 훨씬 득이 크기 때문이죠. 그리고 이러한 디스트리뷰터의 참여를 통해 후원금이 높아짐에 따라 프로젝트의 노출 빈도도 커지기 때문에, 크라우드펀딩에서 디스트리뷰터 유도는 매우 중요합니다. 프로젝트를 진행하기 전에 미리 접촉하여 킥스타터에 참여를 유도하기도 하고요.

Q 킥스타터를 준비하는 사람들에게 한마디!

킥스타터는 대중과 실시간으로 소통하는 플랫폼이기 때문에 평범한 제품은 생존하기 어려워요. 킥스타터에서 받아주지도 않고요. 개성 있고 창의적이면서도 편리한 아이디어만이 살아남게 됩니다. 이러한 아이디어는 항상 여러분 가까이에 있어요. 너무 멀리 보지 마시고 가까운 곳에서, 일상 속에서 아이디어를 찾아보세요. 성공한 프로젝트 상품들을 잘 살펴보면 그런 특징들을 느낄 수 있을 거예요.

그 다음으로는 사업가로서 전략을 잘 세워야 하다는 것입니다. 킥스타터에서의 성공이 끝이 아니라는 것이죠. 상품을 개발하고 이 상품을 어떻게 잘 판매할 것인지도 함께 생각해야 해요. 오픈마켓이나 온라인 판매만 바라보는 것도 한계가 있어요. 제대로 스타트업을 하려면 결국 유통채널을 확보하는 것이 중요합니다. 킥스타터의 소셜 네트워크 기능을 이용하거나 프로젝트 진행 시 디스트리뷰터 참여 유도를 통해 유통채널을 충분히 확보하세요. 이러한 전략이 상품 개발만큼 중요하다는 사실을 강조하고 싶어요. 특히 해외 바이어들은 유통 관계를 맺을 때 그 업체의 건실함을 중요하게 봅니다. 그래서 실제로 유통을 시작하는 데에는 오랜 시간이 필요해요. '한 방' 주의를 버리고 성실하고 내실 있게 준비한다면 킥스타터를 통해 성공적인 스타트업을 이룰 수 있을 것입니다.

벤처 l 소프트 이동훈 대표
킥스타터 성공기

DouBBleTime USB charging cable-Full Battery in 1/2 the Time

by Minsoo & Emily Seo

3,270

$98,376

0

Funded!
This project was successfully funded on May 23, 2014

Q. 어떤 일을 하셨나요?

대학 졸업 후 기지국 설계 관련, 기지국 서버 시스템. 기지국 테스트 장비. 칩-로직 설계 일을 했어요. 2001년에 벤처를 시작했고, 블루투스 관련 사업이었습니다. 당시에는 상용화된 블루투스 제품이 없었거든요. 벤처 캐피탈에서 투자를 받아 블루투스 프로토콜 스택^{Protocol Stack 1)}을 개발했고, 세계 최초로 상용화된 프로토콜 스택을 발표했어요. 지금 생각해 보면 회사에 엔지니어들만 너무 많았고, 기술 개발에만 집중했던 것 같습니

---

1) 블루투스 프로토콜 스택(Blurtooth Protocol stack) : 블루투스 기기에 필요한 핵심 펌웨어

다. 반면 제품 생산, 신제품 기획 같은 일을 소홀히 했어요. 외부 대기업이 바라는 기술 개발에만 집중하다가 이러한 점들이 한계가 되어 3년이 채 되지 않아 시기에 사업을 접었어요. 여러 가지 실패 요인이 있었겠지만 근본적으로는 블루투스 기술이 개발된 뒤에도 기업에서 휴대폰에 기본 탑재해주지 않았던 점이 난점이었어요. 일단 스마트폰 시대도 아니었고요. 아이폰이 도입되기 이전까지 휴대폰 기능이 극히 제한적이었잖아요. 블루투스 기술이 있어도 할 수 있는 일이 매우 적었던 거죠. 그 후 프리랜서로 5년 정도 개발 관련 일을 하면서 생계를 유지했어요. 좋은 경험이 되었습니다. 기술을 개발하는 것만이 능사가 아니라는 것을 깨달았죠. 언론에서는 기술 개발만 하면 세상의 주인공이 될 것 같은 이슈를 던져요. 실은 기술만 갖고서는 성공할 수 없더라고요. 기술을 포장하고 홍보하고 알리는 시도가 필요하다는 걸 느꼈어요. 기술을 개발해서 회사에 넘겨줘도, 기술 자체에 문제가 없었음에도 그리 번창하지 못하는 모습을 많이 봤습니다.

Q. 회사를 다시 설립하게 된 과정은?

3년 전부터, 지금까지 쌓아왔던 것에서 생각한 것을 세상에 내놓아 보자! 라는 생각에 계획을 시작했어요. 그때가 안드로이드 스마트폰들이 출시되었을 때였어요. 그 전까지 기존의 오픈소스 OS는 문제가 생기면 사용자가 책임을 졌어요. 서비스를 해줄 수 있는 회사가 없었거든요. 그런데 안드로이드는 무료임에도 불구하고 구글이라는 백그라운드를 가진 회사가 서비스를 해줬지요. 그래서 안드로이드를 목표로 삼고 안드로이드를 이해하기 위해서 많은 시간과 비용을 들여 안드로이드 체계를 공부했어요. 그리고 '핸드폰과 세상을 연결시킨다'라는 사업 방향을 정하고 두 번째로 도전했습니다. 일반적으로는 폰 안에 많은 것을 넣으려고 하잖아요. 지도, 음악, 등등… 거꾸로 책상에 있는 모바일 기기와 폰을 연결하자고 생각했어요. 최근 개념으로는 웨어러블적인 기기 구상이었지요. 스타트업 기업은 브랜드파워 등에서 밀리니 일단은 꼭 필요하지만 다른 곳에 없는 것을 만들자고 생각하고 벤치^{Bench}라는 브랜드를 만들었습니다.

Q. 제품을 개발하게 된 계기와 과정은?

회사를 다시 세운 지 1년 정도 지나서, 그러니까 지금으로부터는 2년 전^{2012년}에 보조배터리 기능과 무선 스피커를 융합시킨 제품^{블루투스 스피커}을 제작했습니다. 스피커는 브랜드에 영향을 많이 받는 시장인데도 생각보다 인기가 있었어요. 일단 스펙이 좋았고요. 소비자에게 계속적인 지원을 하고자 했어요. 그렇게 1년 정도 제품을 판매했습니다.

이후부터는 작은 것부터 우리가 할 수 있는 것을 하자고 생각했습니다. 스피커는 저희 플래그십 제품[1]으로서 가치는 충분하지만, 누구나 딱 집을 수 있는 제품은 아니거든요. 10만 원 중반이 넘는 제품을 쉽사리 살 수는 없잖아요. 그래서 이번에는 낮은 가격으로 누구나 구매할 수 있는 물건을 만들어 보자! 해서 시작하게 되었어요. 일단 소비자들이 쉽게 접근할 수 있도록 하는 거죠.

애초에 무선 제품 개발을 하다 보니까 배터리 문제를 많이 겪었어요. 블루투스 제품을 쓰다 보면 누구나 느낄 텐데, 한 시간이라도 더 오래 쓰면 좋잖아요? 충전도 빨리 되면 좋고. 충전을 어떻게 빨리 할까, 어떻게 이걸 오래 쓸까 등등 자연스럽게 고민을 하게 된 거죠. 그 과정에서 배터리를 충전할 수 있는 프로세싱에 대한 노하우가 쌓였고, 그러면서 기술도 쌓였어요. 처음엔 보조배터리를 만들까 고민했어요. 여러 생각을 많이 했었는데 역시 번외 제품이란 생각이 들더라고요. 보조배터리 사서 몇 번 쓰다가 두고 다니는 경우가 태반이잖아요? 아무래도 번거롭기도 하고. 그래서 충전 케이블 쪽으로 굳힌 거죠. 데이터 이동도 시켜야 하고, 번거롭긴 해도 꼭 들고 다녀야 하는 물

---

1) 플래그십(Flagship) : 주력 상품

건이니까. 그래서 여기에 초점을 맞췄어요. 그냥 케이블을 만들기로 했다면 디자인만 조금 바꾸면 그만이다. 하지만 우린 디자인 회사가 아니니까, 본질적으로, 기술적으로 가 보자, 했던 것이 계기예요. 충전 성능을 개선해 보자고 한 거죠. 한 번도 시도가 안 됐던 부분이기도 했고요. 원래 케이블은 연결하면 알아서 되는 거지, 충전을 돕자고 구매하는 물건은 아니었으니까요. 그 부분을 파고들어서 차별된 제품을 만들게 되었습니다. 특허도 현재 3건 정도 가지고 있어요. 해외 특허 비용은 너무 비싸서 고민 중입니다. 벤처를 하면서 그런 기술을 보호받기 위해서는 특허를 얻어야 하는데, 그 비용이 너무 부담스럽기도 해요. 미국 특허의 경우엔 대행사를 써야 하기도 하고, 번역 문제, 써야 하는 용어도 일상어보다는 좀 어렵기 마련이고, 여러 가지로 쉽지 않아요.

Q. 킥스타터에 도전하게 된 계기는?

고속충전 케이블을 만들어서 2013년 9월 말 경에 국내에 출시했어요. 지인 도움 덕에 출시 당일 바로 800개 정도 판매했어요. 저희 같은 중소기업은 광고 채널을 활용하기가 쉽지 않고 촬영비가 높아서 홈쇼핑도 진입하기 어렵습니다. 그래서 소셜 마케팅을 해 보자고 생각했어요. 소셜 마케팅 같은 경우에는 일단 초반에 주목만 받으면 출시 후 폭발적인 반응이 있으니까요. 결과적으로는 잘 됐어요. 하루 만에 재고가 소진됐습니다. 그 이후에는 한 달 동안 재고 확보하느라 전쟁이었어요. 그 다음에 마케팅 팀과 이야기해 보면서 세계 시장으로 진출해 보자고 결정했어요. 여러모로 알아보다가, 인지도 면에서 압도적인 킥스타터에 도전하게 됐습니다.

다들 그렇겠지만, 킥스타터에서의 성공만 바라보고서 시작한 건 아니에요. 그보다 장기적으로 홍보 효과를 생각해요. 저희 프로젝트는 3천 분이 후원해 주셨어요. 국적으로 따지만 4, 50개 나라에서 각각 후원해 주신 거예요. 미국이 가장 많고, 그 외에도 유럽 전역, 남미, 중동, 호주 등 굉장히 다양해요. 그분들이 제품을 받은 뒤에 성능에 대해 현지 언어로 리뷰를 써 준다든지, 자발적으로 리뷰를 해줬을 때 엄청난 마케팅 채널을 확보하게 된다는 점이 매력적이었어요. 세계시장으로 진출하려는 많은 스타트업들이 킥스타터를 알아보는 이유이기도 하고요.

Q. 프로젝트 진행하면서 겪은 어려움은?

사전 심사를 통과하는 일이 힘들었어요. 프로젝트를 올리기 위해 꼭 킥스타터와 직접 만날 필요는 없어요. 킥스타터에 가입하고 프로젝트 개설을 하고, 동영상이나 정보 등, 프로젝트 개설 시에 요구하는 자료들을 넘겨주면 돼요. 킥스타터도 결국 소비자와 생산자를 연결하는 중개 사이트이기 때문에 첫 번째로 중요한 것은 소위 '될 만한 아이템'이에요. 킥스타터 운영진이 보기에도 참신한 것이어야 하죠. 그리고 두 번째는 시중에 없었던 아이템일 것, 세 번째는 실현 가능성, 네 번째로 펀딩 목표의 현실성이 중요해요.

일단 유사 제품이 있을 경우 바로 거부해요. 시판되고 있는 아이템은 킥스타터의 취지에 맞지 않는다는 거예요. 다른 제품과 차별되는 색다른 부분을 최대한 어필해야 해요. 두 번까지 재심사 요청을 할 수 있어요. 사실 저희도 두 번 거절당했어요. '이미 안드로이드용 고속충전 케이블이 판매되고 있는데 어째서 필요한가?' 하더라고요. 아이폰 용 케이블을 새롭게 개발했다는 걸 계속 어필했죠.

킥스타터에는 수많은 카테고리가 있고, 카테고리 별로 또 수많은 프로젝트가 있어요. 저희 케이블은 기술 카테고리에 들어갈 수는 없었어요. 그쪽은 아주 기술적으로 접근한 물품들이었기 때문에 저희 것은 디자인 카테고리로 들어갔어요. 심사를 통과하기까지 처음 제출한 다음부터 총 4개월 정도 걸렸어요. 리젝트 당하고, 서류 등을 준비하여 발송하는 데까지 시간을

다 합치면 그 정도였어요.

편딩 목표 금액도 최대한 합리적인 근거가 있어야 해요. 시제품을 만들기 위한 설비, 설계 비용에 대해 얼마, 총합 얼마, 이렇게 자세하게 작성해서 제출해야 합니다. 이때 목표를 너무 높게 설정하면 성공했을 때 돌아오는 것도 크지만 리스크도 커요. 그건 자신이 판단해야 하는 부분이에요. 홍보에 열을 올려서 편딩 금액을 높게 설정하고 달성하는 방법도 있을 것이고, 절반 정도만 편딩을 해 주면 나머지는 자신이 하겠다, 라는 의미에서 절반 정도만 설정할 수 있어요. 우리는 2만 달러를 목표로 했어요. 일정을 세분화하여 3개월 정도에 배송할 수 있는 플랜을 제안했는데 처음에는 두 번 거부당했어요. 그거 소명하고 마지막에, 이번에 안 되면 실패다, 인디고고^{Indigogo} 나 다른 데를 두드려 보자, 이랬는데 아직도 기억나기를 새벽 2시에, 미국 시간으로 몇 시인지는 모르겠지만, 다른 업무 때문에 이것저것 하다가 피곤한 상태로 있는데 연락이 왔어요. 통과되었다고. 진짜 기뻤죠.

Q. 프로젝트의 진행 과정은?

한국에서는 킥스타터 약관 상 바로 프로젝트를 올릴 수는 없어요. 킥스타터에서 고객이 결재할 때는 카드로, 개설자에게 자금이 인도될 때는 아마존 결재 구좌로 들어오는데, 아마존의 사업자 코드가 나오려면 미국에 법인 사업자가 있어야 해요. 미국에 등록된 현지 사업자가 있어야 되는 거죠. 미국에 사업자 개설을 하려고 보니 페이퍼 컴퍼니를 만든다는 것이 거의 불가능했어요. 오피스텔 규모의 사무실을 마련하고, 직원을 고용하고, 개인용 PC를 두고, 파트타임 운영자 조건으로 비용을 계산해 보니까 유지비만으로 6개월에 5천만 원 정도 필요하더라고요. 그래서 차선책으로 현지 지사 형태로 운영할 수 있는 파트너를 찾아 협업을 하기로 했고, 그렇게 현재 더블타임팀을 찾았어요. 그리고 그 다음에 프로젝트 등록을 했어요. 일단 등록했다는 건 절반 정도는 성공했다는 거예요.

킥스타터에 올라온 프로젝트 펀딩 성공률은 40% 조금 넘는다고 해요. 등록하고 나서도 약 절반에 조금 못 미치는 수치죠. 걱정도 됐어요. 아이들 태어날 때도 힘들지만 태어나고 나서 어떻게 잘 키우지, 하는 걱정. 그런 미묘한 느낌 있잖아요? 딱 처음에 아이 태어날 때 같은 느낌이었어요. 긴장이 많이 되고 두근두근하고. 하루 종일 핸드폰으로 킥스타터 페이지를 놓고 10분 간격으로 새로고침하면서 펀딩 참여를 확인했어요. 다행히 3일 만에 목표는 달성했어요.

다른 채널 같은 경우는 후반에 힘이 생기는 경우도 있는데,

킥스타터는 초반 1주일 2주일에 최대한 스퍼트를 올려야 되요. 중반이 넘어가면 후원금액 늘어나는 속도에 힘이 빠져요. 여기서 중요한 것은 소통이에요. 프로젝트 페이지에 사람들이 댓글을 엄청나게 달거든요. 킥스타터는 1달러 후원이 있어요. 특별한 리워드는 없지만 1달러를 결재하면 댓글을 달 수가 있어요. 처음엔 1달러씩 붙으면서 문의 글이 늘어나요. 이거 정말 가능하냐, 어떻게 가능하냐, 문의를 굉장히 많이 해요. 거기에 대응이 빨라야 돼요. 저희도 잠을 자긴 자야 하지만, 사람들이 궁금해 할 때는 이걸 후원을 할까 말까 고민하는 시점이거든요. 이걸 두고 10시간씩 흘려보내면 안 되요. 궁금한 게 있어서 댓글을 달았는데 답변이 없다면 과연 물건을 제대로 받을 수 있을까? 하는 생각도 들기 마련이죠. 그래서 의문점을 최대한 빨리 풀어줘야 해요. 사전 준비에서도 이런 부분이 필요해요. 다양한 환경에서의 측정값, 신뢰성을 보여줘야 돼요. 킥스타터는 신뢰라고 봐요. 감동과 신뢰. 신뢰를 주기 위해서는 잘된다, 믿어 달라 그런 멘트보다는 그 환경에서는 이런 조건에서는 이런 정도다, 라고 수치를 보여주는 것만큼 확실한 게 없어요. 후원자는 심경을 상담 받고 싶은 게 아니라는 거예요. 물건에 대한 실제 데이터를 원하는 거죠. 문의한 사람이 한 명이냐 두 명이냐가 문제가 아니고, 한 사람이 올린 그 질문에 대한 답을 수천 명이 보고 있을 수가 있다는 거예요. 그래서 굉장히 중요해요.

저희는 총 3천 2백 명 정도 후원자가 모였고, 금액으로는 9만 달러가 넘었습니다. 한화로는 거의 1억 정도 펀딩했어요. 여기서 수수료가 나가요. 킥스타터 자체는 6% 정도 됩니다. 정확한 수치는 다를 수 있지만. 결재대행사인 아마존에서 결재 수수료를 또 그 정도 떼어 가요. 그래서 수수료만으로 약 15% 정도 떨어지고, 여기서 세금까지 제하면 총 금액에서 약 25% 쯤이 빠져요.

이렇게 후원금을 전달 받으면 거기서 끝이 아니에요. 킥스타터가 신뢰 받는 이유 중 하나겠지만 후원이 끝난 다음, 생산을 하거나 툴링을 하는 모든 작업 과정을 비교적 상세하게 실제 사진 위주로 직접 촬영해서 업데이트를 해줘야 해요. 프로젝트 페이지에서 모두가 볼 수 있도록요. 그렇게 업데이트를 하면서 제품이 배송되어 고객들이 다 받았다, 까지가 킥스타터에서 하는 일이에요. 저희는 처음 시작해서 끝나기까지 장장 8개월 정도 걸렸습니다.

Q. 아이디어 도용에 대한 걱정은?

베끼는 사람들, 저희는 걱정하지 않아요. 오히려 권장하고 싶어요. 한 가지 사례가 있는데, 예전에 PDP TV라는 게 있었어요. 이게 처음 등장했을 때만 해도 굉장히 획기적이었고, 여러 글로벌 굴지의 회사들이 뛰어들어서 생산 라인을 준비하고 진행을 했어요. 그런데 중간에 주류 기술이 LED TV로 바뀌어 버려서 이제는 전세계에서 PDP패널을 생산하는 곳이 한 군데도 없어요. 나중에 일본의 한 업체만 끝까지 고집했는데, 혼자서 다 하려다 보니까 PDP에 대해 홍보를 하고 알리는 데 너무 엄청난 비용과 힘이 들었어요. 그렇게 혼자 한다는 건, 모든 마케팅 비용을 짊어지게 된다는 뜻이거든요.

그런 점에서 베낀다는 것에 대해선 걱정하지 않아요. 오히려 권장하고 싶어요. 우리가 시작한 제품이 하나의 카테고리가 되는 게 꿈이에요. 이를테면, 충전 케이블은 두 가지 종류로 나눌 수 있는데 하나는 일반적인 케이블이고, 하나는 모듈을 선택할 수 있는 케이블이다, 이렇게 되는 거예요. 그러나 저희 혼자 이걸 다 할 수는 없다는 거죠. 저희 제품이 힌트가 되어서, 분명히 다른 사람도 차별화를 꾀할 것이고, 거기에 추가적인 아이디어를 덧붙이겠죠. 그러면 우리도 배우는 거예요. 그냥 똑같이 내놓는 분들도 있겠지만, 그분들도 우리가 갔던 발자취를 따라오겠다는 것이고, 그분들이 파이를 키워주는 것이라고 생각해요. 누군가 나를 똑같이 따라한다고 해서 발을 빼면 거기서 끝나는 것이고, 그 가운데서 생존을 하려면 한 발짝 더 나아가야 해요.

Q. 프로젝트 진행에서 중요한 것은?

스토리가 가장 중요하다고 느꼈어요. 킥스타터는 펀딩이지만, 다른 의미로는 개발된 제품을 선판매하는 플랫폼이에요. 후원금액 별로 보상품이 다르다는 형식은 갖춰 놓지만, 구매하는 사람들은 자기 의지에 의해서 보상품 등급을 조정할 수 있어요. 많은 금액을 후원하더라도 더 낮은 단계의 보상품 받기를 선택할 수 있습니다. 프로젝트가 사람들 마음에 들면 보상품보다 더 많은 금액을 후원해요. 그래서 프로젝트를 진행하면서 저희의 개발 스토리가 충분히 전달되는 것, 모니터 너머에 있는 미래의 후원자에게 어필할 수 있는 감동적인 코드, 스토리가 중요하다고 생각했어요.

Q. 앞으로 꿈이 있다면?

어쩌면 특허를 이용해서 수익을 올릴 수도 있을 거예요. 꿈에서까지 일 생각을 할 정도로 오만가지 생각을 다 해 보는데, 그런 생각도 하지 않았던 건 아니에요. 사실 엔지니어들끼리는 간혹 그런 얘기를 해요. 우리의 기술 개발 목표라는 게, 특화된 기술 하나를 우연이든 노력이든 얻어내서 대기업에 비싼 값에 팔아 노후를 편안하게 보내는 것, 또는 상장해서 그 수익으로 편하게 사는 거, 이런 게 꿈 아니냐, 그런 말이에요. 저도 옛날에는 그런 이야기를 했었고요.

제가 요즘 내린 결론은 어쨌든 '나와 우리 팀이 할 수 있는 최대한 버틸 수 있는 데까지 버텨 보자'는 겁니다. 우리가 할 수 있는 일을 우리가 키워서 하는 거죠. 지금은 직접 만든 제품들 키워서 사업을 하는 재미가 너무 좋아요. 그래서 적은 돈이라도, 10년 20년 그냥, 혼자서 스스로 커갈 수 있는 조직으로 만들어 보자는 것이 꿈입니다.

04 직토 김경태, 김성현, 서한석
공동대표 킥스타터 성공기

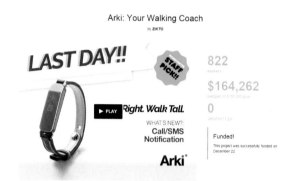

Arki: Your Walking Coach
by ZIKTO

LAST DAY!!

STAFF PICK!!

▶ PLAY Right. Walk Tall.

WHAT'S NEW?:
Call/SMS
Notification

Arki°

822
backers

$164,262
pledged of $100,000 goal

0
seconds to go

Funded!
This project was successfully funded on
December 22.

Q. 안정적인 대기업을 그만두고 창업을 하신 이유는?

공동 창업자 세 명 모두 회사원이었고, 같은 생각이었어요.
첫 번째는 10년 후 우리들 모습이 대기업 10년차가 되기를 바
라지 않았다는 점. 두 번째는 세상에 좀 더 직접적으로 도움을
주는 사람이 되자는 것이었습니다. 셋 다 비슷한 시기에 입사
를 해서 경력 4, 5년 차가 되던 즈음이었어요. 점점 취업난은
심해졌지만 대기업에 다니고 있다고 해서 인생에서 성공했다
고 안일하게 생각하고 싶지 않았습니다. 회사에 다니면서 창업

을 준비했고, 아이디어, 비즈니스 모델에 대해서 구체화시켰습니다. 실제로 사표를 내기까지 멤버 세 명 다 집안에서 큰 반대가 있었어요. 돌이켜 보더라도 벤쳐 캐피탈을 설득하는 것보다 부모님께 비전을 보여드리는 것이 힘들었고, 또한 여러 친구들 역시 '잘 생각해보고 하라'는 의미심장한 말들을 많이 했습니다. '사업'이라고 하면 아직까지도 대한민국 정서에는 빨간딱지, 부도 등 부정적인 인상이 강한 분야라고 여겨지고 있는 것 같아요.

Q 프로젝트가 성공할 수 있었던 이유는?

무엇보다 고객이 원하는 점을 기술과 접목시켜서 제품화를 시켰던 데 있었던 것 같아요. 단순히 기존 제품을 조합하거나 더 저렴하다고 해서 후원자들이 여섯 달 후에 제품을 받기 위해서 돈을 선뜻 쓰지는 않거든요.

직토 공동 창업자

Q. 아키를 준비하면서 어려웠던 점은?

처음으로 준비를 시작한 게 지금 시점에서 1년이 넘었어요. 퇴직한 지도 1년 정도 되었는데 퇴직하기 전부터 조금씩 준비를 하다가 퇴직금을 모아 그 돈으로 사업을 시작했어요. 저희가 직접 개발하고 설계까지 했습니다. 그때가 정말 힘들었습니다. 그래도 기술로는 저희가 자신감이 있었는데, 최종적으로는 디자인이 중요해지더라고요. 그래서 디자인에도 많이 신경을 썼습니다.

Q. 프로젝트 심사 통과는 어렵지 않았는지?

그건 전혀 어렵지 않았어요. 먼저 연락을 하고 미팅을 해서 동영상하고 자료 보내주면 금방 돼요. 가능성이 충분한 프로젝트라면 킥스타터 입장에선 거절할 이유가 없는 거죠. 다만 이런저런 부분을 그쪽에서 수정해 달라고 피드백을 줘요. 킥스타터 규정에 따라 동영상에서 이런 건 빼달라거나 하는 것들이요. 그렇게 그대로 수정해서 주면 통과되고, 제가 원하는 때에 프로젝트 스타트 눌러서 시작하면 돼요. 킥스타터 입장에서도 성공하면 좋으니까 최대한 협조적으로 도와줘요. 무조건 전화 연결을 해서 직접 요청을 하는 게 좋아요. 그냥 메일만 보내놓고 기다리면 오래 걸려요.

Q. 킥스타터를 선택한 이유는?

따로 투자를 받지 않고 공동창업자 3명의 퇴직금만 합쳐서 초기 비용을 마련했고, 또 미국 진출을 목표로 하고 있었기 때문에 홍보 면에서도 크라우드펀딩이 가장 적합했어요. 인디고고와 킥스타터 둘 중 하나를 골라야 했는데, 둘 중에 어느 것이 더 떨어지거나 뛰어난 플랫폼이라고 말하기는 어렵고 각자 나름의 특징과 장단점이 있어요. 둘 중에서 킥스타터를 선택한 이유는 아무래도 사전에 프로젝트를 심사하기 때문에 안정적이라는 점, 또 그런 점에서 쌓인 견실한 이미지 때문이었어요. 만약에 개설자가 약속을 지킬 수 없게 되면 킥스타터는 자체적으로 후원자들에게 보상을 해 줘요. 인디고고는 그런 게 없거든요. 그냥 누구든지 올릴 수 있어요. 기술을 확실하게 확보하지 못하더라도 그냥 이런 기능의 이런 것을 만들겠다, 하는 렌더링 이미지만 있어도 누구나 프로젝트를 올릴 수 있어요. 대신 그렇게 하는 경우는 보상품 발송에 시간이 훨씬 많이 걸리죠. 그래서 펀딩은 성공했는데 프로젝트 자체가 엎어지는 경우가 생겨도 인디고고 쪽에선 책임지지 않아요. 후원자가 개인적으로 투자하는 거고, 이게 진짜인지 아닌지는 후원자들이 알아서 잘 판단해라, 우리가 책임지지 않는다, 이런 문화예요. 연결만 해주는 거죠.

저희는 기술에 자신이 있었으니까 킥스타터로 정했어요. 준비를 많이 했어요. 미국에서 나온 킥스타터 관련 서적도 사서 보고. 책이 좀 오래되기도 했고, 저희 같은 벤처 스타트업에는 안 맞는 면도 있었지만 그래도 나름 도움이 됐습니다.

사실 킥스타터를 해서 수익을 남긴다는 건 정말 힘들어요. 세금도 있고, 또 한국에서 진행하면 미국 한국 양쪽에서 세금이 떼이니까요. 프로젝트 준비하는 데 들어가는 자금도 있고, 보상품 배송까지 생각하면서 맞추다 보면 수익이 나기가 어려워요. 다른 것보다 홍보 효과가 크니까 선택하는 거죠.

Q. 프로젝트를 진행하면서 겪은 어려움은?

처음에 동영상 만들 때가 어려웠어요. 기업 프로젝트 동영상은 외주로 만들어요. 처음에 이백만 원에서 오백만 원 정도로 생각하고 의뢰를 했어요. 그래서 결과물을 봤더니 너무 기대 이하인 거예요. 그래서 다른 프로젝트 동영상을 보여 주면

http://youtu.be/tg111_cyowo

서 이 정도 수준으로는 만들어 줘야 하는 거 아니냐, 했더니 이렇게 촬영하려면 최소 오천만 원은 나온다, 한 번 촬영할 때마다 두 세 시간이 소요되는데 장소 바꾸고 세트장 바꾸어서 고품질로 만들려면 그 돈으로는 안 된다고 그러더라고요. 스텝만 해도 삼십 명에 조명까지 생각하면 밥값도 안 나온다고. 동영상을 잘 만든 프로젝트도 펀딩에 실패하는 경우도 있는데 이렇게까지 해야 하나? 고민도 했지만 프로젝트의 품질을 위해 과감하게 투자했습니다.

Q. 아이디어 유출에 대한 걱정은?

아이디어를 베껴서 하는 건, 사실 별수 없죠. 제품 자체에 이상이 없고 잘 만든 거면 내가 만든 것이나 다른 사람이 만든 것이나 어느 정도까지는 다 같아요. 그런데 그 이상을 하려면 얘기가 달라요. 내가 처음에 아이디어를 냈더라도 그걸 베낀 다른 사람이 더 성공했다면 그건 그 사람 마케팅 능력이나 세일즈 능력이 더 뛰어난 거예요. 내가 만들어서 그만큼 부를 축적할 수 있느냐 하는 건 다른 일이거든요. 똑같은 제품인데 거기에 살을 더 붙여서, 나보다 더 예쁘고 그럴싸하게 패키징을 한다면? 그걸 어떻게 하겠어요. 맘먹고 누가 그렇게 달려들면 특허로도 방어가 안 돼요. 대기업들도 다 그렇다고 봐요. 특허는 피해가려고 하면 다 피할 수 있어요. 미국이 특허가 강하다고 해도, 한눈에 보이는 거 아니면 피할 수 있어요. 이를테면 저희가 개발한 핵심적인 부분이 알고리즘이거든요. 기기에서 수집한 정보를 어떤 방식으로 해석하느냐 하는 건데, 만약에 누가 우리 것을 갖다 베껴 써버리면서 자기들은 다른 방식으로 계산을 했다고 하면 할 말이 없는 거예요. 물론 저희 것을 베꼈다고 입증을 하면 수익금이 다 넘어오지만, 역시 눈에 보이지 않는 부분이라면 힘들죠. 그걸 입증하는 것부터가 아주 어려워요. 여기에 1을 넣었더니 우리도 1이 나오고, 저쪽도 1을 넣었더니 똑같이 1이 나오고, 이렇게 거꾸로 엔지니어링을 해봐야 가능해요. 그 자체만으로도 큰 사업이니까 입증하기가 힘든 거죠. 아이디어나 기술력 자체만으로 성장하는 데는 이쪽 분야에선 한계가 있어요. 대신 저희 기술이 그렇게 쉽게 따라 할 수 있는 건 아니거든요. 그러니까 너희들 하고 싶으면 한번 해 봐라, 쉽진 않을 거다, 라는 자신감을 가지고 있습니다.

Q. 프로젝트 진행 중에 기억에 남는 일화는?

기억에 남는 게, 저희가 프로젝트를 올렸는데 어느 날 문자가 왔어요. 인디고고에서도 같은 프로젝트가 등록되어 있던데 인디고고가 더 싸다고, 여기서 후원해도 되는지 소비자들이 문의를 하는 거예요. '뭐야?' 하고 봤더니 인디고고에 우리 프로젝트 페이지를 똑같이 복사해서 넣었더라고요. 동영상, 이미지, 제 얼굴까지 아예 복사 붙여넣기를 해서 올린 거예요. 인디고고 같은 경우는 목표 금액을 채우지 않더라도 모금 금액을 가지고 갈 수 있다는 점을 이용해서 프로젝트를 복사했던 것 같아요. 이거 우리 프로젝트 아니라고 인디고고에 메일을 보냈더니 두 시간 만에 내려가긴 했어요. 정말 황당했죠.

또 다른 일로는, 프로젝트를 진행하면서 외국의 유명 미디어(TechCrunch, Engadget, VentureBeat 등등…)에 리뷰를 요청하는 메일을 보냈는데 답장조차 못 받았거든요. 마침 실리콘 밸리를 방문할 기회가 있어서 공동창업자 3명이 예약도 하지 않은 채로 그쪽 사무실을 방문한 적이 있어요. 직원들이 엄청 당황하면서, 잠시 기다리면 담당자를 연결해준다고 했는데 결국 특별한 성과는 없었어요. 첫 번째 오피스 습격이 실패하고 저와 서한석 CFO는 돌아가려고 했지만, 김성현 이사가 '설마 때리기야 하겠어'라고 하는 바람에 나머지 사무실도 무작정 찾아 갔어요. 그냥 세 곳의 사무실을 방문하는 것에 만족했죠. 좋은 추억으로 남았습니다. 아쉬운 점도 많았지만, 한편으로는 미국 미디어에 올바른 채널로 접촉하는 것이 얼마나 중요한지 새삼 실감했어요.

프로젝트가 어느 정도 성공을 했을 무렵부터는 아주 많은 스팸^{SPAM}과 스캠^{SCAM, 신용사기}에 시달렸어요. 자기가 중동의 유명 투자자라고 사칭하는 사람부터 유통, 세일즈, 물류, 마케팅 온갖 분야에서 자신이 담당자라고 하는 이메일과 전화를 많이 받았어요. 도움이 되는 메일도 있었지만 결국에는 대부분이 돈을 쓰라는 이메일이었죠.

Q. 킥스타터의 효과는?

킥스타터에 대해 사람들이 일반적으로 생각하는 것이 있어요. 미국에서는 보통 '하드웨어 스타트업의 동화'라고 말하는 것인데, 내가 아이디어를 가지고 프로토타입을 만들고, 비디오를 찍어서 크라우드펀딩 플랫폼에 업로드하면 어느 날 대박이 나서 돈이 들어오고, 이걸 본 벤처 캐피탈이 줄을 서서 투자를 해줘서 결국 양산까지 성공한다고 하는 이야기에요. 하지만 사실은 전혀 그렇지 않아요. 보통 킥스타터에 프로젝트 등록하고 비디오만 하나 올리면 된다고 생각하는데 실제적으로 이렇게 해서는 10만 달러를 넘기기가 어려워요. 만일 이러한 방식으로 SNS를 통해 입소문을 타고 영상이 돌아서 사람들이 몰린다거나 성공을 거뒀다면 거의 천운인 거예요.

그래서 프로젝트 진행시 적극적으로 홍보하는 것이 중요합니다. 본인이 직접 홍보하는 것에 한계가 있기 때문에 보통 마케팅 에이전시를 이용하는 경우가 대부분이에요. 저희도 미국에 가서 에이전시를 만났는데, 프로젝트 하나를 마케팅 해주는 데 한 달에 3천만 원, 5천만 원까지 받더라구요. 그러면 사실 기업 입장에서는 남는 게 없죠. 그래서 저희는 직접 프로젝트를 홍보하는 방법을 선택했어요. 미디어에 접촉하고, 이메일 돌리고, 계속 노력한 거죠. 그래서 겨우 그나마 올라간 거지 절대로 동영상 찍었으니까 이제 올려놓고 기다려야겠다, 해서는 아무도 안 봐요.

해외에서도 저희 프로젝트를 신기하게 여겨요. 펀딩을 받지 않은 채로 시작해서 십만 달러 이상을 모으는 경우는 거의 없거든요. 저도 간혹 강연을 가서 말씀드리지만, 킥스타터에 대해 환상을 가지면 안 되는 것 같아요. 사실 천만 원에서 3천만 원 정도 목표는 꿈을 갖고 할 수 있어요. 그런데 더 큰 목표를 갖고 있다면 정말 열심히 해야 해요. 나에 대해 전혀 모르는 사람들이 6개월 후에나 나올 제품을 1억을 내고 사준다? 이건 힘든 일이죠.

Q. 킥스타터에 도전하려는 사람들에게 주고 싶은 조언은?
크라우드펀딩은 대중들에게 아이디어를 소개하고 그 아이

디어를 현실화하기 위해 투자를 받는 방식이에요. 불가능할 것 같은 프로젝트가 소위 '대박'을 내서 큰돈을 번 경우도 있었고, 매우 많은 준비를 한 프로젝트가 펀딩 금액이 터무니없이 낮아 개설자가 돈을 채워 넣어 체면치레를 했다는 소문도 들었어요. 그만큼 예측하기가 어렵다는 뜻이에요. 그렇지만 하드웨어 스타트업이 시장성을 검증받는 데에는 더할 나위 없이 좋은 기회이고, 많은 후원자들과 직접 의사소통을 할 수 있다는 점이 아주 매력적이에요. 그만큼 많은 노력과 그 안에서의 치열한 경쟁에 충분히 대비하고 시작해야 합니다.

먼저 여러 가지 플랫폼에 대해서 충분히 검토하고, 자신과 가장 맞는 플랫폼을 선택하고, 업로드 하기 전부터 플랫폼 관리자와 스카이프skype 등을 통해서 충분히 미팅을 해 보고 자신의 프로젝트의 이익이 많이 가는 쪽으로 선택해야 해요. 플랫폼 입장에서는 프로젝트를 게시하는 사람이 가장 큰 고객이기 때문에 프로젝트가 매력적이라면 매우 공격적으로 조건을 제시해요.

다음은 하드웨어 관련 프로젝트를 진행할 때 주의할 점을 알려드릴게요. 하드웨어 관련 프로젝트를 진행할 때 중요한 점은 홍보, 동영상, 제품, 이렇게 크게 세 가지 요소로 나눌 수가 있어요. 엄밀히 말하면 동영상 역시 홍보에 들어가지만, 그만큼 동영상이 차지하는 비율이 높기 때문에 저희도 엄청난 공을 들여서 동영상을 제작했어요. 동영상은 짧은 시간 안에 후원자들에게 프로젝트를 설명하는 가장 효과적인 수단이기 때문에 충분한 투자를 해야 하고, 캠페인의 컨셉트나 느낌에 최대한 부합하는 영상을 제작해야 해요. 투자자나 미디어 등 제3자에게 프로젝트를 설명할 때에도 가장 효과적인 수단이거든요.

홍보 역시 매우 중요합니다. 해외에서 어떠한 방식으로 홍보를 할지 생각해야 해요. 아무리 잘 짜인 콘텐츠와 동영상이 있더라도, 업로드하는 순간 후원자들이 페이지를 많이 보게 하는 것이 얼마나 어려운 일인지 실제로 해 보시면 체감하실 수 있을 거예요. 저희도 킥스타터 페이지 동영상이 만 번 플레이가 되기까지 생각보다 시간이 오래 걸렸어요. 생각보다 준비해야 할 것이 많죠. 만만하게 생각하고, 자고 일어나면 대박 터지겠지, 생각하실 수도 있지만, 그런 일은 거의 일어나지 않아요.

크라우드펀딩을 하려는 사람은 많은데, 막상 하는 사람은 없어요. 두드리면 열리리라! 그런 이야기가 있잖아요. 두드리면 열리는데, 안 두드려봐서 모르는 경우가 많아요. 이거 해도 될까? 하다가 안 하고 말아버리면 아무것도 안 되는 거예요. 저희도 요즘 킥스타터로 도전해보고 싶다는 창업자분들께 질문을 많이 받아요. 그분들한테 먼저 얘기해드리고 싶은 것은, 밝은 면만 있는 건 아니라는 점이에요. 킥스타터라고 해서 다른 방법보다 결코 쉽지는 않아요. 저희가 잘나서 잘한 게 아니라 그만큼 준비를 했기 때문에 가능했던 거예요.

그래도, 아주 힘든 일이긴 하지만 준비를 많이 하고 시작한다면 의미도 있고 재미도 있다는 것은 말씀드리고 싶어요. 언제든지 기회는 열려 있습니다. 저희 사무실도 항상 열려있으니 궁금한 사항이 있으시면 언제든지 방문, 이메일 주세요. 꼭 IT제품이 아니더라도 한국에서 더 많은 크라우드펀딩, 스타트업을 보고 싶고, 저희 직토는 항상 도와드릴 수 있는 방면에서는 최대한 도와드리고 싶습니다.

당당하게
걷고싶은
당신에게

- 실시간 걷기 자세
- 신체 균형 리포트
- 바이오 생체 인증
+
- 액티비티 트래킹

Arki ®

Site : **www.Lightors.com**
Tel : 02-3445-3578
Email : jkydream@naver.com

NEXT Apple
LIGHTORS"

Lightors is a young company that contributes to the development and distribution of advanced eco-friendly products adding innovative new products to your daily life tomake a difference in the world. The origin of our brand name means "people that make light".

Lightors="Light" + "ors"

Light makes for a better society, meaning brightening and making positive changes, and it's important to focus on creating valuable work that brings light to this world.

Monster Battery

AA Type

AAA Type

Smart HandGrip

Bench 2X Faster charger for IOS

BENCH soft의 USB 고속 충전 케이블은 USB연결로 최대 2,000mA의 충전을 지원합니다.

케이블 일체형 스위치에서 SDP / DCP 모드의 선택으로 DATA와 충전의 콘트롤이 가능합니다.

Bench soft
Mobile accessory development Company

www.bench-soft.com

인천광역시 부평구 무네미로 448번길 56(구산동) 한국폴리텍2대학 하이테크관 H305호
TEL : 070-7841-0310 / FAX : 032-327-5994 / e-mail : info@bench-soft.com

킥스타터
혁명